Squeezing Effects
of Consumer Credit on Consumption

消费信贷的
消费挤出效应研究

吴龙龙　著

图书在版编目(CIP)数据

消费信贷的消费挤出效应研究/吴龙龙著. —成都:西南财经大学出版社,2016.7
ISBN 978－7－5504－2447－0

Ⅰ.①消… Ⅱ.①吴… Ⅲ.①消费贷款—贷款管理—研究 Ⅳ.①F830.589

中国版本图书馆 CIP 数据核字(2016)第 122084 号

消费信贷的消费挤出效应研究
XIAOFEI XINDAI DE XIAOFEI JICHU XIAOYING YANJIU
吴龙龙　著

责任编辑:李筱
助理编辑:魏玉兰
封面设计:墨创文化
责任印制:封俊川

出版发行	西南财经大学出版社(四川省成都市光华村街 55 号)
网　　址	http://www.bookcj.com
电子邮件	bookcj@foxmail.com
邮政编码	610074
电　　话	028－87353785　87352368
照　　排	四川胜翔数码印务设计有限公司
印　　刷	四川五洲彩印有限责任公司
成品尺寸	170mm×240mm
印　　张	11.75
字　　数	170 千字
版　　次	2016 年 7 月第 1 版
印　　次	2016 年 7 月第 1 次印刷
书　　号	ISBN 978－7－5504－2447－0
定　　价	88.00 元

1. 版权所有,翻印必究。
2. 如有印刷、装订等差错,可向本社营销部调换。

内容提要

自20世纪90年代后期起,扩大内需成了我国政府发展经济的重大战略举措,而消费作为拉动经济增长的"三驾马车"之一,在扩大内需的过程中被寄予厚望。在这一背景下,消费信贷作为改善居民消费环境,扩大即期消费需求的重大政策被提出,并在政府支持下得到快速发展。近十年来,消费信贷在刺激消费,扩大内需,进而推动整个经济增长以及提高金融机构自身的经济效益等方面,所发挥的作用得到了广泛的认可。但是,消费信贷在刺激消费的过程中实际发挥的作用与其应该发挥的作用之间还存在明显的"缺口",产生这一缺口的根本原因在于消费信贷在削弱消费者的预防性储蓄动机的同时,又强化了消费者的目标储蓄动机,由此形成了消费信贷对消费的挤出效应。因此,正确认识消费信贷对消费的挤出效应及其对消费信贷功能的影响,对于合理发挥消费信贷的作用,无疑具有重要意义。迄今为止,国内外学者对消费信贷效应的研究主要着眼于其对消费的正面刺激效应,而对于其负面效应则鲜有涉及。虽然有少数人曾对消费信贷的消费刺激效应提出过质疑,并对消费信贷的消费挤出效应作了尝试性的探讨,但这些探讨都只是点到为止,既缺少理论深度,也没有实证研究,以致在这一问题上,依然留下了很大的研究空间。鉴于这样的研究现状,作者在本书中尝试了对消费信贷的消费挤出效应问题的深入研究。本书共有以下六个部分:

第一部分是我国消费信贷的发展现状及其效应概述。在本部分中，作者根据我国的具体情况，对消费信贷的内涵和外延做出了合理的界定，明确指出"消费信贷是商业银行或其他金融机构以贷款或信用卡透支方式，向消费者个人或家庭提供的，用以满足消费需求的信用"，并论证了在我国现实经济条件下，个人住房信贷和汽车信贷也应归属于消费信贷范畴的观点。同时，作者简要分析了我国消费信贷的发展状况及存在的问题，并在对消费信贷的效应做出初步的阐述和评价的基础上，重点阐述了消费信贷的消费挤出效应的概念、客观性和可控性，认为消费信贷对消费的挤出效应是指"随着消费信贷的增加，在居民消费支出的结构随着消费信贷支持重点的调整而发生相应改变的同时，消费支出的规模相对缩小或增长速度相对下降"，并在分析后指出：消费信贷对消费的挤出效应是客观存在的，只是在不同的时间和空间中其表现程度不同而已；消费信贷对消费的挤出效应是可以得到有效控制和合理调节的。

第二部分是我国消费信贷挤出消费的现状。本部分以近二十年来消费者的最终消费率、消费者的边际消费倾向，以及消费需求对经济增长的贡献率和拉动作用的变化为分析的切入点，根据这些指标在消费信贷规模不断增长的情况下明显下降这一现实，对消费信贷挤出消费的事实作出了初步推断，并通过分析我国现行消费信贷的基本结构，对挤出效应的客观性作了初步的解释。在此基础上，作者利用现有的资料并借助于简单的计量分析方法，分别以我国1998—2014年间的社会消费品零售总额和城镇居民消费支出总额作为被解释变量，对居民的收入总额和消费信贷的增加额作了回归分析，并依据分析结果，得出了我国消费信贷对居民的消费支出总额和社会消费品零售总额的影响很小且不显著这一结论，并通过与消费信贷业务比较成熟的美国的比较，进一步证明了我国消费信贷挤出消费的客观性及其严重程度。

第三部分是消费信贷对消费的挤出效应的形成机理。在对消费与储蓄的关系以及消费信贷对储蓄行为和储蓄动机的影响作出分析的基础上，本部分以消费信贷突破消费者流动性约束的不完全性和目标储蓄理论作为切入点，通过分析消费者积累首付款和还本付息资金的行为，具体论述了消费信贷对消费的直接挤出效应的形成机理；在分析消费与投资的关系的基础上，以消费和投资的替代关系作为切入点，具体分析了消费信贷增长对国内生产总值进而对消费者的收入变化所产生的影响，并依据收入与消费的关系，阐明了消费信贷对消费的间接挤出效应的形成机理。

第四部分是挤出效应的衡量。本部分在分析了各种衡量标准的缺陷，并论述了有效的衡量标准应具备的条件后，根据可控性和可测性以及与消费信贷调控目标的相关性的要求，把消除时间差异后被消费信贷实际挤出的消费额作为衡量挤出效应的标准，并据此推导出了直接挤出效应和间接挤出效应以及挤出效应总量的数学表达式。

第五部分是消费信贷对消费的挤出效应的影响因素分析。本部分根据消费信贷对消费的挤出效应总量的数学表达式，利用边际分析方法和弹性分析方法从理论层面上分析了贷款额度、消费贷款占信贷消费品价款的比例、消费者实际积累首付款的期限、消费者消费计划中用于购置信贷消费品的份额、消费者的消费倾向和收入水平、市场利率水平、贷款期限和贷款利率以及消费者收入水平占GDP的比例、信贷投资领域的资金利用效率等一系列因素对挤出效应总量的影响方向和影响程度，并结合现实层面的具体分析，得出了消费信贷规模、贷款利率水平、消费者收入水平占当年GDP的比重和信贷投资领域的资金利用效率等因素的变化对挤出效应总量的变化产生正向作用，而贷款额度占信贷消费品价款的比例、消费者实际积累首付款的期限、消费计划中信贷消费品所占的份额、消费者的收入水平和消费倾向、消费信贷的期限、市场利率水平等因素的变化对挤出效应总量的变化产生负向作用的结论，并根据分析结果明确指出：现阶段影响挤出效应的关键因素是消费信贷的规模、消费者的消费计划中信贷消费品所占的份额、消费信贷额度占信贷消费品价款的比例，以及用信贷方式实现消费目标的消费者的收入水平，其他因素对挤出效应的影响也不应忽视。

第六部分是挤出效应对消费信贷功能的影响。本部分分析了消费信贷功能的传统定位的缺陷，论述了消费信贷功能的合理定位，即"适应经济合理增长的需要，对消费进行有效的调节"，并认为消费信贷的功能目标应是"消费总量的合意增长及消费结构的优化"。在此基础上，分析了挤出效应对实现消费信贷功能目标的正面影响和负面影响，并根据从前面的分析中得到的启示，结合新常态下经济发展和宏观调控的客观要求，对如何有效地遏制消费信贷对消费的挤出效应，进一步改善我国的消费信贷政策，合理发挥消费信贷对消费的刺激作用，有效迎合供给侧改革的要求，提出了相应的策略，即：在现实经济条件下，应在扩大消费信贷规模的同时，优化消费信贷的投向结构；应合理把握对信贷消费的政策诱导和宣传的力度；应科学地确定消费信贷的期限，弱化因还本付息而产生的挤出效应；应合理确定贷款条件，以此引导消费者的消费倾向；应扩大消费信贷覆盖率，提高信贷消费在消费总量中的比重；应立足于消费者的实际收入水平，科学确定消费贷款的额度；应高度关注消费信贷资金和投资信贷资金在各自运用领域的配置效率。

本书的主要贡献在于：首次明确提出了消费信贷对消费的挤出效应，阐明了挤出效应的内涵，界定了挤出效应的外延，并在分析我国消费信贷挤出消费的现状的基础上，深入剖析了挤出效应的形成机理，论述了挤出效应的衡量标准，并从理论和现实两个层面上分析了各因素对挤出效应总量的影响方向和影响程度，指出了现实经济条件下调控挤出效应的关键所在，并依据新常态下经济发展和宏观调控的客观要求，提出了合理发挥消费信贷功能的政策建议。

目 录

0 引言
- 0.1 选题的意义和目的 ... 001
- 0.2 国内外研究现状与文献综述 ... 004
  - 0.2.1 国外研究现状与文献综述 ... 005
  - 0.2.2 国内研究现状与文献综述 ... 007
  - 0.2.3 对研究现状的评价 ... 009
- 0.3 本书的研究思路框架 ... 011
- 0.4 研究方法 ... 012
- 0.5 主要观点与主要创新之处 ... 014
  - 0.5.1 主要观点 ... 014
  - 0.5.2 主要创新之处 ... 015

1 我国消费信贷的发展状况及其效应概述
- 1.1 消费信贷的内涵及外延界定 ... 016
  - 1.1.1 消费信贷的内涵 ... 016
  - 1.1.2 消费信贷的外延 ... 018
  - 1.1.3 本书的研究视角 ... 019
- 1.2 我国消费信贷的发展状况 ... 021
  - 1.2.1 我国消费信贷的发展历程 ... 021
  - 1.2.2 我国消费信贷业务的现状及存在的问题 ... 025
- 1.3 我国消费信贷的效应概述 ... 026
  - 1.3.1 消费信贷对消费的两种基本效应 ... 027
  - 1.3.2 消费信贷对消费的总体效应 ... 032

2　我国消费信贷挤出消费的现状
2.1　分析的基本思路　036
2.2　对挤出效应现状的一般分析　037
2.2.1　从居民最终消费率的变化看挤出效应的现状　037
2.2.2　从居民边际消费倾向的变化看挤出效应的现状　041
2.2.3　从消费对经济增长的贡献率和拉动作用看挤出效应的现状　044
2.2.4　从消费信贷的结构看挤出效应的现状　049
2.2.5　对一般分析的总结　052
2.3　对挤出效应现状的计量经济分析　053
2.3.1　计量经济分析的基本设想　053
2.3.2　具体分析　056
2.3.3　对计量经济分析的总结　058

3　挤出效应的形成机理
3.1　消费信贷对消费的直接挤出效应的形成机理　060
3.1.1　储蓄与消费的关系　061
3.1.2　消费信贷对储蓄行为和储蓄动机的影响　067
3.1.3　消费信贷对消费的直接挤出效应的形成　069
3.2　消费信贷对消费的间接挤出效应的形成机理　070
3.2.1　消费信贷与投资信贷之间的关系　071
3.2.2　消费信贷、投资信贷与居民收入之间的关系　075
3.2.3　消费信贷对消费的间接挤出效应的形成　076

4　挤出效应的衡量
4.1　消费信贷对消费的挤出效应的衡量标准的选择　077
4.1.1　衡量标准的多样性及其缺陷　078

  4.1.2 有效的衡量标准应具备的条件   079
  4.1.3 衡量标准的具体选择   080
4.2 消费信贷对消费的直接挤出效应的衡量   082
  4.2.1 分析的前提：基本假设及其依据   082
  4.2.2 具体的衡量方法   085
4.3 消费信贷对消费的间接挤出效应的衡量   092
  4.3.1 分析的前提：基本假设及其依据   092
  4.3.2 具体的衡量方法   093
4.4 消费信贷对消费的挤出效应总量   097

5 影响挤出效应的因素分析

5.1 分析内容的确定及分析方法的选择   099
  5.1.1 分析内容   100
  5.1.2 分析方法的选择   100
5.2 理论层面的分析   102
  5.2.1 消费信贷规模的变化对挤出效应的影响 103
  5.2.2 贷款额度占信贷消费品价款的比例变化对挤出效应的影响   105
  5.2.3 消费者实际积累首付款的期限的变化对挤出效应的影响 106
  5.2.4 消费计划中信贷消费品占消费品总量的份额变化对挤出效应的影响   109
  5.2.5 用信贷方式实现消费目标的消费者收入水平的变化对挤出效应的影响   110
  5.2.6 消费者的消费倾向的变化对挤出效应的影响 112
  5.2.7 消费信贷的期限变化对挤出效应的影响 114
  5.2.8 市场利率水平对挤出效应的影响   116
  5.2.9 贷款利率水平的变化对挤出效应的影响 119

5.2.10　消费者收入水平占当年GDP的比重对挤出效应的影响　121
　　5.2.11　信贷投资领域资金利用效率对挤出效应的影响　122
5.3　现实层面的分析　123
　　5.3.1　影响挤出效应总量的各因素在现实中的具体表现　124
　　5.3.2　各因素对挤出效应总量的具体影响　132

6　挤出效应对消费信贷功能的影响及经济新常态下的合理选择

6.1　对消费信贷功能的认识　139
　　6.1.1　对消费信贷功能的传统认识　140
　　6.1.2　对消费信贷功能的重新认识　141
6.2　挤出效应对消费信贷功能的影响　143
　　6.2.1　消费信贷的功能目标　144
　　6.2.2　实现消费信贷功能目标的切入点　145
　　6.2.3　挤出效应对消费总量和结构的调节功能　147
6.3　经济新常态背景下的合理选择　148
　　6.3.1　从前面的分析中得到的启示　148
　　6.3.2　经济新常态及其对消费信贷的基本要求　153
　　6.3.3　经济新常态背景下合理发挥消费信贷效应的策略　157

参考文献　165

后记　171

0 引言

0.1 选题的意义和目的

在长期的计划经济体制下，基于消费信用是对未来购买力的预支，易造成虚假的市场需求，并可能引发通货膨胀这一片面认识，我国在不同时期都对消费信用实行较严格的限制，作为消费信用的重要实现形式的银行消费信贷业务因此而未能得到应有的发展。虽然在改革开放以后的20世纪80年代中期，就有部分专业银行尝试了消费信贷业务的"破冰之行"，但消费信贷业务真正得到发展则是在结束短缺经济时代以后的20世纪90年代末期。当时面对东南亚金融危机给全球经济造成的严重影响以及人民币升值的压力，扩大内需成为我国政府发展经济的重大战略举措，而消费作为拉动经济增长的"三驾马车"之一，在扩大内需的过程中被寄予厚望。正是在这一背景下，消费信贷作为改善居民消费环境，扩大即期消费需求的重大政策被即时提出，并在政府支持下得到快速发展。近二十年来，消费信贷在刺激消费、扩大内需，进而推动整个经济增长以及提高金融机构自身的经济效益等方面，所发挥的作用得到了广泛的认可。

但是，消费信贷实际发挥的作用和应该发挥的作用之间有无偏差？偏差的程度又如何呢？事实上，近二十年来，与消费信贷的高速发展相反，我国居民的消费率并未因此而提升，反而从 1999 年起逐年下降（截至 2014 年年末，居民的最终消费率已从 1999 年的 46.00% 下降到 38.19%，其间的最低点出现在 2010 年，仅 35.72%，也是历史最低点）[①]；而与此同时，居民储蓄率则居高不下，各项储蓄存款增势强劲，截至 2015 年年末，国内居民人民币储蓄额已高达 546 076.85 亿元，是 1999 年的 9.16 倍，十六年间平均每年增长了 14.85%[②]。根据这一现状，可以初步推断出，在现有约束条件下，消费信贷的作用在总体上并未得到充分发挥，其间有大量的"漏损"。而从结构上来看，消费信贷发挥的作用又如何呢？如果按照期限来分，消费信贷可分为中长期消费信贷和短期消费信贷。前者主要用于满足居民对住房、汽车和教育等的需求；后者主要用于满足居民对日常消费品和小型生活设施的需求。从目前银行实际发放的消费贷款来看，中长期消费信贷占了绝大比重。截至 2015 年年末，银行的消费信贷总额为 189 519.83 亿元，其中中长期消费信贷额为 148 512.22 亿元，占消费信贷总额的 78.36%。[③] 受这一消费信贷结构的影响，一方面住房等大型消费品的需求过旺，导致价格非理性上升，形成了明显的价格"泡沫"；另一方面，由于居民为获取住房贷款等中长期消费信贷而积累首付款以及获得信贷支持后偿还贷款本息的压力较大，导致居民对日常消费品的需求受到了很大的抑制，使消费信贷在刺激大型消费品需求和日常消费品需求方面的作用出现了明显的不平衡。在刺激大型消费品需求方面出现了明显的过剩，而在支持日常消费品需求方面出现了严重的不足。

由此可见，从总量上看，我国消费信贷在刺激消费方面所发挥的作用存在严重的"漏损"，而从结构上看，则作用的过剩和作用的不足同时存在。通常，消费信贷的用途非常明确，在使用方面一般不存在非消

---

① 数据根据《中国统计年鉴》（2000—2015）的数据计算得到。
② 数据来源于中国人民银行《金融机构人民币信贷收支表》（1999、2015）和《存款类金融机构人民币信贷收支表》（2015）。
③ 数据来源于中国人民银行《金融机构人民币信贷收支表》（2015）。

费领域这一"歧途",因而在刺激消费方面的作用不应该有"漏损"。因此,要寻找"漏损"的途径,还得从消费领域着手。由于我国消费信贷活动中,住房、汽车等消费信贷占有绝大比重,该类贷款额度往往较大,且期限长、条件苛刻,消费者要获得信贷支持通常需要积累较大额度的首付款,获得贷款后又需要积累大量的资金用于偿还贷款本息,在流动性约束下,消费者就不得不压缩非信贷消费品需求,从而在我国现实经济条件下,形成了信贷消费对非信贷消费的较明显的挤出效应。这可用以解释目前我国消费信贷在刺激消费总量和调节消费结构方面所存在的问题。

事实上,信贷消费对非信贷消费的挤出效应是客观存在的,因为对于存在流动性约束的消费者而言,为满足获取消费信贷支持的条件,总得在非信贷消费需求方面作出一定的"让步"。因此,在看到消费信贷对消费的刺激效应的同时,也不能忽略其对消费的挤出效应。实际上,这为宏观经济调控提供了一种手段。在不同的宏观经济形势下,宏观经济调控的目标会随之变化;相应的,消费在拉动经济增长过程中所起的作用也应有所调整,这就要求在如何发挥消费信贷对消费的刺激效应和挤出效应问题上,作出正确的选择和科学的把握。在经济过热,且消费对过热经济发挥的作用过于明显时,应注重发挥其对消费的挤出效应,反之,则应合理使用其对消费的刺激效应;在经济疲软,且消费对经济增长的拉动作用不足时,应在充分发挥消费信贷对消费的刺激效应的同时,遏制其挤出效应。

消费信贷对消费的最终效应是刺激效应和挤出效应综合作用的结果,合理利用消费信贷对消费的刺激效应和挤出效应是正确发挥消费信贷对消费的调节作用的两个方面,只要方法得当,利用消费信贷对消费的挤出效应,不但可以产生与利用消费信贷对消费的刺激效应殊途同归的效果,而且在调节居民消费需求,进而有效调节经济增长的过程中,还可以起到相互补充和相互配合的作用。目前,在对消费信贷效应问题的研究上,学者们注重的主要是消费信贷对消费的刺激效应;而消费信贷对消费的挤出效应尚未得到应有的重视。同时,消费信贷在调节消费方面发挥作用的现实及其效果表明，只有充分重视并有效调控消费信贷对消费的挤出效应，才可以有效发挥消费信贷对消费进而对经济增长的调节作用。目前，全球经济正处于严重的不景气状态下，出口对我国经济增长的拉动作用依然"疲软"，内需仍将一如既往地担当拉动经济增长的"主力军"，如何通过消费信贷来刺激消费，以此拉动内需增长，将继续成为理论界和实务界关注的热点。在这种情况下，明确消费信贷对消费的刺激效应和挤出效应，尤其是挤出效应及其影响因素，对有效地发挥消费信贷的作用，无疑具有重要意义。因此，在现实经济条件下，加强对消费信贷的消费挤出效应的研究，具有很强的理论意义和实践指导意义。

要正确认识并有效调控消费信贷对消费的挤出效应，必须明确以下问题：①我国消费信贷的发展状况；②我国现实经济条件下，消费信贷对消费所产生的挤出效应的现状；③消费信贷对消费的挤出效应的形成机理；④消费信贷对消费的挤出效应的衡量方法；⑤影响消费信贷对消费的挤出效应的因素及其影响方向和影响程度；⑥在经济新常态下利用消费信贷调节消费进而调节经济增长时，应如何使消费信贷对消费刺激效应和挤出效应协调配合。正是基于对这一系列问题的思考，笔者选定了这一研究论题，期待着通过对该论题的研究，表达对我国消费信贷效应的一些看法，并结合对我国经济在新常态下的发展现状的判断和趋势的预测，提出合理发挥消费信贷对我国经济增长的调节作用的意见和建议。如果该论题的研究结果能具有些许的理论价值和实践指导意义，并能在一定程度上填补目前研究的空白，那么，笔者也算得偿所愿了。

0.2 国内外研究现状与文献综述

在国外，消费信贷由来已久，而在国内，则起步较晚。无论是出于理论先行的要求，还是出于总结实践经验的需要，国内外学者在消费信贷对消费的效应问题的研究上，都有一个共同的特点，那就是在确认理性预期—持久收入理论与现实不符的前提下展开分析。学者们通常认为，理性预期—生命周期理论的主要缺陷是其假定消费者只关心未来不确定收入的平均值，忽略了未来收入波动而导致的预防性储蓄行为和即期消费的流动性约束。基于这样的思考，学者们在研究消费信贷的效应问题时，主要把遏制预防性储蓄行为和突破流动性约束作为切入点。

0.2.1 国外研究现状与文献综述

在 Flavin（1981）[1]、Daly 和 Hadjimatheou（1981）[2]、Hall 和 Mishkin（1982）[3] 发现消费对可预期的收入变化反应过强，即存在"过度敏感性"（Excess Sensitivity），以及 Campell 和 Deaton（1989）[4] 发现消费对于未预期的收入变化反应过弱，即存在"过度平滑性"（Excess Smooth）的基础上，Zelds 和 Stephen（1989）[5]、Carroll 和 Kimball（2001）[6] 的研究均表明，流动性约束会增强人们的预防性储蓄动机。

在此基础上，消费信贷作为缓解居民流动性约束、遏制预防性储蓄

---

[1] Flavin M. A. The Adjustment of Consumption to Changing Expectations about Future Income [J]. Journal of Political Economy, 1981, 89 (5): 974-1009.

[2] Vince Daly, George Hadjimatheou. Stochastic Implications of the Life Cycle – Permanent Income Hypothesis: Evidence for the U. K. Economy [J]. Journal of Political Economy, 1981 (3): 596-599.

[3] Hall R. E, Mishkin F. The Sensitivity of Consumption to Transitory Income: Estimate from Panel Date on Households [J]. Econometrics, 1982 (50): 461-481.

[4] Campell J, Deaton. Why Is Consumption So Smooth? [J]. Review of Economic Study, 1989 (3): 357-373.

[5] Zelds, Stephen. Consumption and Liquidity Constraint: An Empirical Investigation [J]. Journal of Political Economy, 1989 (2): 275-298.

[6] Carroll C., S. Kimball. Liquidity Constraints and Precautionary Saving [R]. NBER Working Papers, 2001: 1-21.

动机的有效方式，在刺激消费中的作用得到了学者们的充分肯定。例如，Cohrane（1991）[1] 认为消费信贷可以发挥消费保险的作用。Japelli 等（1989）[2] 发现消费信贷与消费波动相关，而这种相关性主要源于流动性约束；Bacchetta 和 Gerlach（1997）[3] 发现预期的消费信贷增长与消费支出的增长之间呈正相关关系。Ludvigson（1999）[4] 设计了一个模型，在其中流动性约束随着时间的变动而变动，并与家庭收入成正比，这一模型解释了美国在放松对消费信贷市场管制之后的十年里，即 20 世纪 80 年代消费大幅度增长的原因。James N. Morgan、M. H. David、W. J. Cohen 和 H. E. Brazer（1962）[5] 提出了消费决策影响收入理论。该理论认为，消费决策可以影响收入，因为消费信贷和抵押信贷的发展，可以使人们在没有现期收入和收入不足时，以信贷方式进行消费。这种观点表明，只要有一个相对发达的信贷制度，不管人们现期收入水平有多高，一旦作出了消费决策，人们就会去实现消费目标，从而增加消费。也就是说，消费信贷可以刺激消费。自 20 世纪 90 年代以来，这种理论得到了很多美国经济学家的认可，他们都认为美国经济的持续增长受到了个人消费的有力支撑，而支持消费增长的一个重要基础就是消费信贷。与此同时，美林公司一项统计数据也强有力地支持了这一论断。该项统计表明，在 1997—1998 年财政年度中，道·琼斯指数提高了 20.7%，纳斯达克指数提高了 30.1%。同时，美国居民的财产由于股价

---

[1] Cohrane, John H. A Simple Test of Insurance [J]. Journal of Political Economy, 1999 (5): 957-976.

[2] Tullio Jappelli, Marco Pagano. Consumption and Capital Imperfections: An International Comparison [J]. The American Economic Review, 1989: 1088-1105.

[3] Philippe Bacchetta, Stefan Gerlach. Consumption and Credit Constraints: International Evidence [J]. Journal of Monetary Economics, 1997 (40): 207-238.

[4] Sydney Ludvigson. Consumption and Credit: A Model of Time-Varying Liquidity Constraints [J]. The Review of Economics and Statistics, 1999, 81 (3): 434-447.

[5] James N. Morgan, M. H. David, W. J. Cohen, H. E. Brazer. Income and Welfare in the United States [M]. New York: Mc Graw Hill, 1962.

上涨而增加了 3.1 万亿美元,如果按平均的财富效应 3%计算,美国居民在这一财政年度内的消费就上升了 900 亿美元。由此可见,凭借消费信贷的普及和股市上涨带来的名义收入的增长,美国经济进入了借债消费、借债炒股和借债繁荣的循环之中。① 从中,我们可以看出消费信贷在刺激消费需求、拉动经济增长方面的作用。此外,美国芝加哥大学统计学博士王征宇在首创网络有限公司举办的"WTO 与中国消费信贷"专题研讨会上接受采访时指出:"启动信用消费能够创造新的消费热点,信用消费本身是一种有效刺激消费的机制。"② 此外,还有其他一些学者,如 Muellbauer 和 Jhon（1983）③ 等也提出了相关的观点,在此不再一一细述。

0.2.2 国内研究现状与文献综述

国内学者的研究思路与国外学者大致相似。万广华、张茵、牛建高（2001）④ 运用我国 1961—1988 年的数据对理性预期消费函数进行了实证检验,得出了"流动性约束和不确定性及其相互作用是造成我国居民消费增长缓慢和内需不足的主要原因"的结论。臧旭恒等（2004）⑤ 的研究表明,改革开放以来,我国居民的消费行为受到了强烈的预防性储

---

① 陆群. 从美元经济到美股经济的命运 [N]. 互联网周刊, 2001-04-06.
② 张其佐. 发展消费信贷刺激国内需求 [N]. 光明日报, 1999-05-14.
③ Muellbauer, Jhon. Surprises in the Consumption Function [J]. Economic Journal, 1983 (1): 34-50.
④ 万广华, 张茵, 牛建高. 流动性约束、不确定性与中国居民消费 [J]. 经济研究, 2001 (11).
⑤ 臧旭恒, 裴春霞. 预防性储蓄、流动性约束与中国居民消费计量经济分析 [J]. 经济学动态, 2004 (12).

蓄动机的遏制。申朴等（2003）[1]的研究表明，我国城镇居民在面临较强的不确定性和流动性约束的情况下，会减少当前消费，增加储蓄，平均消费倾向会显著下降。杭斌等（2001）[2]根据北京市城镇居民的月度资料，对流动性约束和该市城镇居民消费的关系进行了实证研究，结果表明，流动性约束对北京市城镇居民的消费行为的影响作用明显。

鉴于流动性约束和预防性储蓄行为对即期消费造成的明显的遏制效应，消费信贷作为缓解流动性约束和遏制预防性储蓄行为的有效手段，其对消费的刺激效应同样受到了国内学者们的高度重视。吴晶妹（2003）[3]利用美国1960—2000年的数据，证明了"消费者信用对GDP（国内生产总值，下同）的拉动作用最强，非金融企业信用对GDP的拉动作用最弱"的结论。根据这一研究结论，消费者信用每增长1亿美元，平均能拉动GDP增长5 796万美元。胡春燕、岳中刚（2007）[4]采用Grange因果关系检验和误差修正模型对银行卡消费和社会消费品零售总额、GDP之间的关系及影响程度进行了实证分析，得出了"银行卡消费已同我国经济增长建立了长期稳定的正向关系"的结论。赵霞、刘彦平（2006）[5]利用1978—2004年城镇居民人均消费支出和人均可支配收入数据，对我国居民消费和流动性约束之间的关系进行了实证研究。数据分析结果表明，我国居民受流动性约束的程度明显偏高，但自从1999年我国大力开展消费信贷业务以来，消费信贷的发展在一定程度上缓解了流动性约束的程度，促进了我国居民消费增长率的提高。此外，中国社会科学院经济研究所宏观课题组的专家（1998）[6]曾指出：

---

[1] 申朴，刘康兵. 中国城镇居民消费行为过度敏感性的经验分析：兼论不确定性、流动性约束与利率［J］. 世界经济，2003（1）.

[2] 杭斌，王永亮. 流动性约束和居民消费［J］. 数量经济技术经济研究，2001（1）.

[3] 吴晶妹. 信用活动对经济增长的长期效应［J］. 成人高教学刊，2003（3）.

[4] 胡春燕，岳中刚. 中国银行卡消费与经济增长经验分析［J］. 经济经纬，2007（5）.

[5] 赵霞，刘彦平. 居民消费、流动性约束和居民个人消费信贷的实证研究［J］. 财贸经济，2006（11）.

[6] 吴雅丽. 发展个人消费信贷［N］. 光明日报，1998-07-29.

"发展消费信贷能有效刺激消费,启动市场。"林毅夫(2003)[①]认为,鼓励银行开办消费信贷业务,以刺激消费需求的措施已取得良好的成效,在消费信贷迅速发展的同时,国民经济在 1998—2002 年间维持了年均 7.7%的增长速度。张其佐(1999)[②]认为:"从社会生产的周期来看,只有消费需求才是经济增长的真正的和持久的拉动力量,而要扩大消费需求就必须通过消费信用来支持需求扩张;市场经济不仅生产和交换活动需要信用支持,而且消费活动也需要有信用支持。因此,大力发展消费信贷,对于扩大国内需求有重要的战略意义。"

0.2.3　对研究现状的评价

总的说来,国内外学者对消费信贷效应问题的研究,主要着眼于其正面效应,而对于其负面效应则鲜有涉及。迄今为止,仅有少数学者对消费信贷的正面效应提出了一些质疑,例如 Pereira(2008)[③]认为在一个经济中企业信贷约束和消费者信贷约束同时存在的情况下,解除消费信贷约束并不能像解除企业信贷约束一样有利于经济增长,并以消费信贷的增长导致信贷资金从效率较高的生产部门转移到效率较低的消费部门为由,对这一结论作了解释。王东京、李莉(2004)[④]的研究发现,消费信贷从长期来看,不能拉动消费;从短期来看,虽然能拉动消费,却不能拉动社会总需求。蔡浩仪、徐忠(2005)[⑤]的研究表明,在通货紧缩、消费需求不足的情况下,消费信贷是鼓励提前消费、增加有效需

[①] 林毅夫. 发展消费信贷拉动内需增长[N]. 人民日报, 2003-06-17.
[②] 张其佐. 发展消费信贷刺激国内需求[N]. 光明日报, 1999-05-14.
[③] Maria da Conceicao Costa Pereira, The Effects of Households' and Firms' Borrowing Constraints on Economic Growth [J]. Portuguese Economic Journal, 2008 (7): 1-16.
[④] 王东京, 李莉. 论消费信贷与国内需求[J]. 财贸经济, 2004 (4).
[⑤] 蔡浩仪, 徐忠. 消费信贷、信用分配与中国经济发展[J]. 金融研究, 2005 (9).

求的一个途径，但消费信贷对经济发展的促进作用更取决于信用资源的有效配置，如果消费信贷的增长以降低储蓄率、压抑中小企业的资金需求为代价，消费信贷对经济增长的积极作用就可能被抵消。他们认为，由于消费信贷鼓励提前消费，并伴有一定额度的首付款，只要整个经济中存在资金短缺，通过消费信贷方式将一部分资金分配到经济中的特定部门，这个经济中总体资金满足程度就可能会下降，从而对其他部门而言存在"挤出"效应。事实上，这些研究已经在一定程度上或明或暗地提出了消费信贷的挤出效应。但是，这种挤出效应具体表现为因消费信贷增长而导致的消费对生产的挤出以及生产部门内部消费品生产部门对非消费品生产部门的挤出，而非消费信贷对消费的挤出。因此，在消费信贷对消费的挤出效应问题的研究上，依然近乎空白。

虽然叶岳良（1999）[①] 提到了消费信贷挤出消费的问题，并从授信基础薄弱、自筹资金比例高和信贷期限短，以及信贷条件苛刻等方面对挤出效应的形成原因作了初步解释，但其研究还只是停留在表面上，缺少理论支撑，对挤出效应的表现形式、形成机理和影响因素及影响程度等内容亦未作丝毫分析。吴龙龙（2010）[②] 虽然对挤出效应的形成机理、衡量方法、影响因素等作了初步的分析，但这些分析都只是点到为止，缺少应有的深度。在研究的内容上，仅限于消费信贷对消费的直接挤出效应，未涉及间接挤出效应；在研究方法上，仅限于理论分析，缺少实证研究。尤其是对挤出效应与消费信贷功能之间的关系这一重要问题，未作深入分析，以致在消费信贷对消费的挤出效应这一问题上，依然留下了很大的研究空间。

---

① 叶岳良. 消费信贷能启动消费市场吗？[J]. 财经理论与实践，1999（5）.
② 吴龙龙. 消费信贷的消费挤出效应解析[J]. 消费经济，2010（1）.

0.3 本书的研究思路框架

鉴于上述研究现状，本书试图结合我国的实际，在对我国消费信贷的发展现状及其基本效应做出概述，并在具体分析我国现阶段消费信贷挤出消费的现状的基础上，深入研究直接挤出效应和间接挤出效应的形成机理、衡量方法、影响因素及其影响方向和影响程度，得出相应的结论和启示，并结合我国宏观经济发展的现状和趋势，对如何利用消费信贷调控消费进而调控经济增长的问题提出相应的政策建议。全文拟分以下六个部分：

第一部分，我国消费信贷的发展现状及其效应概述。这部分在根据我国的具体情况对消费信贷的内涵和外延做出合理界定的基础上，简要分析我国消费信贷的发展状况及存在的问题，并在对消费信贷的效应做出初步的阐述和评价的基础上，重点阐述消费信贷的消费挤出效应的概念、客观性和可控性。

第二部分，我国消费信贷挤出消费的现状分析。这部分以消费者的最终消费率、消费者的边际消费倾向、消费需求对经济增长的贡献率和拉动作用的变化，以及消费信贷结构对挤出效应的影响作为分析的切入点，对我国消费信贷挤出消费的现状作出一般分析的基础上，利用简单的计量模型分析消费信贷对我国居民消费支出和社会消费品零售总额的影响，得出相关分析结论，并将分析结果与消费信贷业务比较成熟的国家进行对比，以此说明我国消费信贷挤出消费的客观性及其严重程度。

第三部分，消费信贷对消费的挤出效应的形成机理。这部分分别论述消费信贷对消费的直接挤出效应和间接挤出效应。以消费信贷突破消费者流动性约束的不完全性和目标储蓄理论作为切入点，具体论述直接挤出效应的形成机理；以消费和投资的替代关系作为切入点，具体分析消费信贷增长对GDP（国内生产总值）增长进而对消费者收入的影响，再进一步根据收入与消费的关系，说明消费信贷对消费的间接挤出效应的形成机理。

第四部分，消费信贷对消费的挤出效应的衡量。本部分根据可控性、可测性以及与消费信贷调控目标的相关性的要求，选择消除时间差异后被消费信贷实际挤出的消费额作为消费信贷对消费的挤出效应的衡量标准，并据此推导出直接挤出效应和间接挤出效应以及挤出效应总量的数学表达式。

第五部分，消费信贷对消费的挤出效应的影响因素分析。本部分根据消费信贷对消费的挤出效应总量的数学表达式，利用边际分析法和弹性分析法，从理论层面上分析各相关因素对挤出效应总量的影响方向和影响程度，并结合现阶段我国经济运行及消费信贷相关政策变量的具体情况，在现实层面上对各因素影响挤出效应总量的方向和程度作具体分析。

第六部分，消费信贷的消费挤出效应对消费信贷功能的影响分析。本部分从论述消费信贷的基本功能入手，分析消费信贷的功能目标，并探讨消费信贷的消费挤出效应对实现消费信贷功能目标的正面影响和负面影响，在此基础上，根据从前面的分析中得到的启示，结合新常态下经济发展和宏观调控的客观要求，针对如何有效地遏制消费信贷对消费的挤出效应、进一步改善我国的消费信贷政策、合理发挥消费信贷对消费的刺激作用、有效迎合供给侧改革的要求等一系列问题提出相应的策略。

0.4 研究方法

理论研究的内容切忌片面，理论研究的方法贵在创新。本书在研究过程中，将力求体现这两点要求。

本书的研究涉及金融学、消费经济学和心理学等学科的内容，在研究过程中，笔者将综合运用多学科的理论和方法，力求做到多学科内容的有机结合和融会贯通。

任何一种经济活动，在实施前或实施后，既需要有相应的理论指导或总结，也需要有相应的实践探索或验证。离开理论指导的实践是盲目的，没有实践检验的理论是空洞的。因此，在研究过程中，做到理论分析与实证研究相结合，应是必然要求。在对消费信贷的消费挤出效应的形成机理、衡量方法、影响因素以及挤出效应对消费信贷功能发挥的影响等内容的研究上，拟以理论分析为主，具体采用逻辑推理、数学分析、关联性判断等方法，同时以实际数据和资料为研究结论提供佐证；在研究我国消费信贷对消费的挤出效应的现状和程度时，拟在相关理论指导下，以实证研究为主，主要以事实和数据来说明问题。

消费信贷对消费的挤出效应是客观存在的，只是在不同的国家和地区其程度不同而已。因此，要正确认识我国消费信贷对消费的挤出效应的现状，比较分析法是一种必不可少的研究方法。在分析消费信贷对消费的挤出效应的现状和程度时，笔者将把我国消费信贷运行过程中的实际情况，与消费信贷规模较大、成熟度较高、覆盖面较广的美国的实际情况作比较，以便结合我国的实际情况对我国消费信贷挤出消费的现状和程度做出客观的分析和评价。

任何经济现象都是质和量的统一，其中质用于描述经济现象的性质特征，量用以描述经济现象的规模、速度、程度等数量特征，只有从质和量统一的角度来研究经济现象，才能得出正确的结论。因此，对消费信贷的消费挤出效应的研究，也必须从质和量两个方面进行，做到定性分析与定量分析相结合。定性分析的侧重点在于我国消费信贷的内涵和外延、消费信贷对消费的挤出效应的基本含义及特征、消费信贷对消费的挤出效应的形成机理，以及挤出效应对消费信贷功能发挥的影响（包括正面影响和负面影响）等；定量分析的侧重点在于我国消费信贷对消费的挤出效应的现状及程度、挤出效应的衡量方法、各构成因素对挤出效应的影响方向和影响程度等。对此，本书拟通过对相关统计数据的研究，运用统计技术和计量模型以及边际分析和弹性分析方法，并结合运用对比分析方法，使对问题的分析具体化和精细化。

0.5 主要观点与主要创新之处

0.5.1 主要观点

观点之一：消费信贷对消费有两种基本效应，分别是刺激效应和挤出效应，消费信贷对消费的最终效应是这两种方向相反的效应综合作用的结果。

观点之二：消费信贷对消费的挤出效应有直接挤出效应和间接挤出效应两种表现形式。

观点之三：消费信贷对消费的刺激作用是以突破消费者的流动性约束，进而削弱消费者的预防性储蓄动机而实现的。但消费信贷只能部分突破，而无法完全突破消费者的流动性约束，在削弱消费者的预防性储蓄动机的同时，会强化其目标储蓄动机，因而会对非信贷消费产生直接的挤出效应。

观点之四：消费信贷会在一定程度上替代投资信贷，投资信贷的减少会压缩投资规模，投资规模缩小会削弱消费者收入的增长后劲，在既定的消费倾向下，使消费减少，从而间接地挤出消费。

观点之五：剔除时间差异后，被消费信贷实际挤出的消费额，可用以衡量消费信贷对消费的挤出效应的大小，这一衡量标准具有可控性、可测性以及与消费信贷调控目标的相关性特征。

观点之六：消费信贷对消费的挤出效应是客观存在的，只是在不同的时间和空间中，程度不同而已。通常，消费信贷对消费的挤出效应的大小受制于消费信贷额度、消费信贷额度占信贷消费品价款的比例、消费者实际积累首付款的期限、消费计划中用于购置信贷消费品的份额、消费者的消费倾向和收入水平、市场利率水平、贷款期限和贷款利率等一系列因素，一般说来，这些因素是宏观调控的政策基调、消费信贷市场的成熟程度和消费者心理成熟程度的反映。

观点之七：消费信贷不是单纯刺激消费的手段，而是调节消费的手段。在调节消费的过程中，应根据宏观调控的目标，组合发挥消费信贷对消费的刺激效应和挤出效应，做到两种效应的协调配合，在调节消费总量的同时，优化消费结构。这是有效发挥消费信贷功能的必要举措。

0.5.2 主要创新之处

创新之一：研究的内容具有前沿性。本书是在消费作为拉动经济增长的"三驾马车"之一，在扩大内需的过程中被寄予厚望的宏观背景下展开研究的，首次明确提出了消费信贷对消费的挤出效应，并对其作了比较深入和系统的分析研究。

创新之二：在合理的假设前提下，利用复利计算原理，推导出了消费信贷对消费的挤出效应的数学表达式，为衡量挤出效应的大小并测度消费信贷对消费的总效应提供了依据。

创新之三：立足于我国的实际情况，利用边际分析方法和弹性分析方法，对消费信贷额度、贷款比例、消费者实际积累首付款的期限、消费计划中信贷消费品占消费品总量的份额、消费者的消费倾向、用信贷方式实现消费目标的消费者的收入水平、市场利率水平、贷款期限和贷款利率等一系列因素影响挤出效应的方向和程度作了具体分析，并结合现实经济条件，阐明了这些因素的变化在发挥消费信贷功能的过程中所起的作用。

创新之四：提出并论证了消费信贷的功能是调节消费，而非单纯地刺激消费的观点，并结合宏观经济发展的现状和趋势，论述了消费信贷对消费的挤出效应在发挥消费信贷功能的过程中所起的作用，为在实施消费信贷政策的过程中，合理组合其对消费的刺激效应和挤出效应，提供了理论指导。

1 我国消费信贷的发展状况及其效应概述

要正确认识消费信贷的效应,尤其是对消费的挤出效应,首先就要正确认识消费信贷的内涵并合理界定其外延。只有这样,才能在既定的研究口径下,根据消费信贷的发展历程及发展现状,对其消费挤出效应做出正确的认识和客观的评价。因此,本部分试图在根据我国的实际情况对消费信贷的内涵和外延做出正确界定的前提下,分析我国消费信贷的发展状况,在此基础上,对我国消费信贷的两种基本效应做出初步的分析。

1.1 消费信贷的内涵及外延界定

1.1.1 消费信贷的内涵

要正确理解消费信贷,必须正确理解消费信用,理解消费信用与消费信贷之间的区别和联系。很多教科书把消费信用看作与银行信用、国家信用、商业信用等信用方式相并列的信用形式,对此,笔者不敢苟同。消费信用是金融机构、企业等信用提供者以生活资料为对象向消费者提供的信用。因此,从信用提供者的角度来看,消费信用可以以银行信用、商业信用甚至民间信用的方式提供。换句话说，消费信用只是银行信用、商业信用乃至民间信用的具体内容之一。如果消费信用以商业信用的方式由企业提供，则具体表现为消费品的赊销或分期付款；如果消费信用以民间信用的方式由居民提供，则具体表现为生活用品的借用或民间自由借贷；如果消费信用以银行信用的方式由商业银行或其他金融机构提供，则表现为消费信贷，具体表现为贷款和信用卡透支两种形式。

据此，我们可以对消费信贷下这样的定义：消费信贷是商业银行或其他金融机构，以贷款或信用卡透支方式，向消费者个人或家庭提供的、用以满足消费需求的信用。从消费信贷的这一定义中可以看出，消费信贷具有以下内涵：

（1）消费信贷的提供者是商业银行或其他金融机构。除了商业银行或其他金融机构以外，由其他任何经济主体以任何形式为消费者提供的信用，均不属于消费信贷的范畴。特别需要指出的是，民间的资金借贷，尽管多以贷款的方式出现，但因其提供者不属于商业银行或其他金融机构，因而不属于本书所要研究的消费信贷的范围。

（2）消费信贷的具体表现形式是贷款或信用卡透支。这意味着以消费品赊销或分期付款方式，以及以高档耐用消费品租赁或民间消费品直接借贷方式出现的消费信用，均不在消费信贷的范围之内。

（3）消费信贷的对象是消费者个人或家庭。除此之外，对其他任何经济组织提供的任何形式的信贷支持（包括单位信用卡透支），均不应被纳入消费信贷的范畴。

（4）银行和其他金融机构提供消费信贷的目的是满足消费者个人或家庭的消费需求。消费者个人或家庭申请信贷支持的目的有多种，具体包括消费（衣、食、住、行等）、经营、投资乃至投机等，只有其中用以满足消费需求的部分，才属于消费信贷。因此，在对消费信贷作统计时，必须正确区分消费者个人或家庭的不同借款目的，剔除其贷款中用以满足经营、投资乃至投机需求的部分。只有这样，才能正确判断消费信贷的规模和结构，在此基础上得出的分析结论才具有客观性。

（5）消费信贷是消费信用的一种具体表现形式，两者之间有着紧密的联系，同时又有着严格的区别。虽然两者的对象都是消费者个人或家庭，提供者的目的都是满足消费者个人或家庭的消费需求，但消费信用在信用的提供者、信用的方式等方面，相对于消费信贷而言，有着更为宽泛的范围。

1.1.2　消费信贷的外延

内涵是反映事物内在特征的属性，表明构成该事物的必不可少的部分；外延是说明事物的具体表现形式的属性，是对事物范围的界定。内涵是外延的根据，外延是内涵的具体表现。就提供方式而言，消费信贷有商业银行或其他金融机构对个人或家庭提供的贷款和信用卡透支两种具体表现。但是，个人或家庭贷款的用途有多种，包括购买消费品、用于经营活动或投资乃至投机活动，等等。因此，单纯以个人或家庭贷款以及信用卡透支这两种金融活动方式来界定消费信贷的外延，显然是不科学的，这就要求在正确分析商业银行或其他金融机构为个人或家庭提供的贷款的具体用途的基础上，从中"提炼"出属于消费信贷的成分，以此来界定消费信贷的外延。显然，用于购买消费品以及用于满足旅游、休闲和个人的交通设施等方面需求的贷款，无疑应归入消费信贷的范畴，用于满足经营活动或投资乃至投机活动等需求的贷款，应排除在消费信贷之外。但是，按照这一标准来界定消费信贷的外延时，难以回避的一个问题是：目前在商业银行对消费者个人或家庭提供的贷款中占有绝大比重的、用以满足消费者购房需求的贷款能否纳入消费信贷的范围？换句话说，购房支出算不算消费？对这一问题的困惑源于住房是很特殊的商品，不但具有使用价值，而且同时也具有投资价值。

联合国于 1993 年制定的《国民经济核算体系》规定："包括用作住户主要住所的船舶、驳船、活动房屋和大篷车在内的一切住宅，以及汽车库等任何与住宅有关的构筑物都是固定资产。自有住房者作为从事他们自己最终消费的住房服务生产企业的企业主处理,所以住房不是耐用消费品。"因此,尽管大部分购房者买房的初衷是为了消费,但从国民经济核算的角度看,购房者的买房行为在本质上表现为将自己的流动资产转化为固定资产,因而购买商品房属于投资范畴,而不属于消费行为。

但是,如果按照这一逻辑,单纯地把居民的购房支出排除在消费支出之外,并据以把住房按揭贷款排除在消费信贷之外,则难免有失偏颇。毕竟,住房投资与将暂时闲置不用的资金进行保值、增值的证券、期货、黄金等投资行为不同,除了少数购房者出于投机心理以外,对于绝大多数购房者来说,住房是作为生活必需品来购置的。

可见,从本质上看,购房行为属于投资行为,相应地,购房贷款属于投资信贷范畴;从形式上看,购房行为属于消费行为,相应地,购房贷款属于消费信贷范畴。在这种情况下,如何来正确界定消费信贷的外延的问题,就演变成了是依据"血统"还是依据"长相"来界定购房贷款"身份"的问题。对此,笔者认为,只有立足于我国的实际情况,才能对这一问题做出正确的回答。事实上,对这一问题的回答,就是对本书研究视角的确定。

1.1.3 本书的研究视角

确定本书的研究视角,实际上就是要确定消费信贷的外延,其关键是要界定住房贷款的"身份"。对于这一问题,笔者认为,无论从消费信贷的内涵、我国居民消费的结构和商业银行消费信贷业务的现状,还是从居民消费支出的统计口径来看,都应将住房贷款归入消费信贷的范畴。

首先,从住房信贷的内涵来看,购房贷款的提供者是商业银行,信用支持的形式是贷款,贷款的对象是消费者个人或家庭,贷款的用途是满足家庭的消费需求(因为对于绝大部分购房者而言,住房是作为生活必需品购置的)。这表明,购房贷款基本符合消费信贷的内在本质特征。运用消费信贷购买的物品,除了国民经济核算体系中界定的消费品外,还应包括住房购买支出(林晓楠,2006)。①

其次,从我国居民消费的结构和商业银行消费信贷业务的现状来看,目前我国正处于居民消费结构升级阶段,居民的消费行为已经开始从传统的以"衣"和"食"为主,进入以"住"和"行"为主要内容的万元级、十万元级,乃至几十万元级抑或上百万元级的消费阶段,住房消费面和汽车消费面的逐步扩大是这一阶段的基本消费特征。与这一阶段的消费特征相适应,我国商业银行向个人或家庭提供的用于满足消费需求的贷款中,住房贷款所占的比重高达80%以上,汽车贷款所占的比重也很可观。因此,虽然从国民经济核算的角度看,购房贷款用于支持的是居民购买住房,其刺激的对象是投资,而不是消费,但是,考虑到我国的实际情况,将其归入消费信贷范畴应是更为合理的。

最后,居民消费支出是指城乡居民个人和家庭用于生活消费以及集体用于个人消费的全部支出,包括购买商品支出以及享受文化服务和生活服务等非商品支出。从国家统计局历年公布的统计数据来看,居民消费支出的统计口径包括:食品类支出、衣着类支出、居住类支出、家庭设施和用品及服务类支出、医疗保健类支出、交通和通信类支出、文教娱乐用品及服务类支出、金融服务消费支出、保险服务消费支出和其他支出等十项。从中可以看出,购房支出作为居住类支出的组成部分,是被纳入居民消费支出的统计范围的。在这种情况下,把购房支出看作居民的消费支出,把购房贷款定位成消费信贷,有其客观必要性。这样做有助于与居民消费支出的统计口径保持一致,使分析结论更为可靠。

基于上述分析,本书将把住房贷款以及具有类似性质的教育贷款和汽车贷款等,统一纳入消费信贷的范围(这与中国人民银行和国家统计局的统计口径一致)来展开研究。

在明确住房贷款的定位以后,还有一个问题需要交代清楚,那就是

---

① 林晓楠. 消费信贷对消费需求的影响效应分析 [J]. 财贸经济, 2006 (11).

笔者在研究过程中,如何看待信用卡透支。由于信用卡透支这一消费信贷形式的特殊性(无首付、主动权在持卡人手中、形式上表现为一种特殊的分期付款消费方式),并考虑到额度较小、期限较短(一般为20~50天),且没有公开发布的统计数据,因而在本书的研究中,对于这一特殊的消费信贷方式对消费所产生的影响(刺激效应和挤出效应)将不单独考虑。

1.2 我国消费信贷的发展状况

对任何经济问题的分析,都应立足于特定的经济环境。对消费信贷的消费挤出效应的分析,也同样如此。要正确认识消费信贷对消费的挤出效应,必须先正确认识我国消费信贷的发展状况,而对我国消费信贷的发展状况的认识至少包括发展历程和发展现状两个方面。

1.2.1 我国消费信贷的发展历程

在计划经济体制下,消费信贷基本上没有生存的"土壤",因此,分析我国消费信贷的发展历程,只能从改革开放以后开始。改革开放使我国从高度集中的计划经济体制逐步过渡为有计划的商品经济体制,并在明确处于社会主义初级阶段这一历史定位的基础上,进一步确立了建立社会主义市场经济体制的基本思路,并借助于一系列改革措施的推动,使这一经济体制逐步趋向完善。在这一伟大的变革过程中,消费信贷的发展机遇日益增加,发展空间逐步扩大。总的说来,我国消费信贷的发展,可以分为以下三个阶段:

(1)萌芽阶段(1984—1994年)

我国消费信贷业务的产生可追索至20世纪80年代中期,当时一些专业银行率先在部分大中城市开办了个人住房贷款业务。但由于受经济发展水平、金融体制以及消费观念等多种因素的影响，消费信贷发展非常缓慢（程建胜，刘向耘，2003）①。总的说来，在这一阶段，消费信贷业务受到严格限制，在一定程度上可以说是银行的一项难以见"阳光"的业务。由于在这一阶段，我国还处于短缺经济阶段，且一直处在严重的通货膨胀压力之下，遏制需求的过快增长一直是这一阶段宏观调控的主基调。在这种情况下，消费信贷不可能公开登上金融服务的舞台，更不可能扮演重要"角色"。因此，虽然在1992年已经明确了建立社会主义市场经济体制这一基本改革方向，但功能发挥与这一改革方向的要求相一致的消费信贷，却一直处于压制状态，规模极为有限，且常常以"半地下"的方式发挥着自身的功能。这一时期消费信贷表现形式主要有三种：一是城镇个体工商户和农村的专业户、承包户以及重点户，通过少量地挪用生产经营贷款的方式，在一定程度上"变相"地获得消费信贷支持；二是极少数银行信用卡的持有人通过在有限的授信额度内透支的方式，获得有限的消费信贷支持；三是专业银行开办的数量极其有限的消费性贷款。

（2）开拓阶段（1995—1997年）

在这一阶段，四大国有银行的商业银行定位已经明确，实行业务多元化已成为各级银行管理者的基本共识。同时，随着《中华人民共和国商业银行法》《中华人民共和国担保法》和《贷款通则》的实施，开展消费信贷业务的制度障碍逐步被清除。在这种情况下，以中国人民银行在1995年1月颁布《个人定期储蓄存款存单小额抵押贷款办法》，允许商业银行接受定期储蓄存款存单为质物，发放小额质押贷款为标志，我国商业银行的消费信贷业务进入了开拓阶段。其后，中国人民银行又于1995年7月颁布了《商业银行自营住房贷款管理暂行规定》，从政策上开了允许商业银行对个人发放住房贷款的先河。以这两项政策的实施为契机，我国商业银行的消费信贷业务真正地开始了艰难的"破冰"之行。但是，

---

① 程建胜，刘向耘. 发展消费信贷促进经济增长 [J]. 经济学动态，2003（8）.

由于制度的"惯性",加之人们信贷消费观念的树立需要一个过程,虽然已经有了相应的政策依据,这一阶段消费信贷业务的发展依然极其缓慢,截至 1997 年年底,全国商业银行消费信贷余额仅为 172 亿元。[①]

(3) 起步阶段(1998 年 1 月至 1998 年 12 月)

在这一阶段,我国已经基本告别短缺经济时代。由于受东南亚金融危机的影响,国外需求下降,加之我国政府出于对国际形象和在国际事务中所承担的责任的考虑,承诺人民币不贬值,导致出口对国内经济增长的拉动作用明显削弱,我国政府通过扩大内需拉动经济增长的政策意向日益明显,这为消费信贷业务的发展提供了前所未有的机遇。在这种情况下,中国人民银行先后于 1998 年 4 月、5 月和 9 月发布了《关于加大住房信贷投入,支持住房建设与消费的通知》《个人住房贷款管理办法》和《汽车消费贷款管理办法》,为我国消费信贷业务的起步提供了比较充分的政策依据。这些政策的基本精神是:鼓励商业银行发放住房开发与消费贷款;在指导商业银行加强信贷风险管理的同时,鼓励商业银行大力发展个人住房贷款;允许工、农、中、建四家国有商业银行进行汽车消费贷款试点。在这一系列政策指导下,这一年我国商业银行的消费信贷业务有了明显的发展,截至当年年底,消费信贷余额已达 732.74 亿元,比年初增长了 560.74 亿元,增长率高达 326.01%[②],为消费信贷业务的规范与加速发展奠定了基础。

(4) 规范与加速发展阶段(1999 年起)

1998 年,我国消费信贷业务明显增长,顺利地实现了这类业务从起步阶段向加速发展阶段的过渡。面对进一步扩大内需的要求,如何在加强消费信贷规范化管理的同时,推动其加速发展,逐步成为政府和中央银行高度关注的问题。因此,自 1999 年 1 月至 2000 年 8 月,中国人民银行和有关部门先后发布了《银行业务管理办法》《关于开展个人消费信贷的指导意见》《经济适用房开发贷款暂行规定》《关于国家助学

---

① 中国人民银行货币政策司. 中国消费信贷发展报告 [N]. 金融时报,2003-03-22.
② 蔡浩义,徐忠. 消费信贷、信用分配与中国经济发展 [J]. 金融研究,2005 (9).

贷款管理规定（试行）》《凭证式国债质押贷款办法》《关于调整个人住房贷款期限和利率的通知》《关于调整个人住房公积金存、贷款期限和利率等问题的通知》《关于助学贷款管理的若干意见》《住房置业担保管理试行办法》《中国人民银行助学贷款管理办法》和《关于开展助学贷款业务管理的补充意见》等一系列与消费信贷业务直接或间接相关的政策。这些政策的基本精神是：规范信用卡管理，对免息还款期、透支利率、授信管理等制定了具体的办法，大力推行信用卡，鼓励信用卡消费；确立了消费信贷的发展方向、开办机构及业务管理的指导意见；鼓励商业银行积极支持经济适用房开发建设；大力推广国家助学贷款，确定助学贷款的主要政策意向和发展方向，并下发了全面、具体的助学贷款管理办法；允许商业银行发放凭证式国库券质押贷款；合理调整并确定住房贷款和住房公积金贷款的期限和利率；允许建立住房置业担保公司，以解决住房贷款的担保问题，并进一步完善住房贷款风险的防范和控制措施。在这一系列政策措施的指导和鼓励下，我国的消费信贷业务自 1999 年起，出现了"井喷式"增长的态势，截至 2004 年年底，我国消费信贷余额已高达 19 882 亿元，比 1997 年增长了 114 倍。其中，以住房贷款为主体的中长期消费性贷款为 17 603 亿元。[①] 虽然自 2005 年起，为了调控日趋高涨的住房价格，对住房消费信贷的增长采取了一系列的限制措施，并在调控住房价格和强化住房信贷业务的规范化管理等方面取得了一定的效果，但并未遏制消费信贷快速增长的势头，截至 2015 年年底，我国消费信贷总额已达到 189 519.83 亿元，[②] 比 2004 年增长了 169 637.83 亿元，年均增长率高达 22.75%。其中，以住房消费贷款为主体的中长期消费性贷款为 148 512.22 亿元[③]，比 2004 年增长了 130 909.22 亿元，年均增长率高达 21.39%。

[①] 中国人民银行货币政策分析小组. 2006 年中国区域金融运行报告［N］. 金融时报，2007-05-31.
[②] 数据来源于中国人民银行《金融机构人民币信贷收支月报》(2015)。
[③] 数据来源于中国人民银行《金融机构人民币信贷收支月报》(2015)。

1.2.2 我国消费信贷业务的现状及存在的问题

（1）我国消费信贷业务的现状

我国消费信贷业务的发展历程和现状是同一问题的两个方面：发展历程反映了现状的形成过程；现状反映了发展的结果。因此，要全面客观地认识我国消费信贷业务的发展状况，以便对消费信贷的效应做出客观的分析，除了要全面理解我国消费信贷业务的发展历程以外，还需对其发展现状做出客观的分析和评价。而对我国消费信贷业务现状的分析和评价，则可以从规模、结构和覆盖面这三个方面入手。

政府扩大内需的政策取向和鼓励消费信贷业务发展的一系列具体措施，助推了我国消费信贷规模的迅速扩张。根据2015年中国人民银行公布的《金融机构人民币信贷收支表》，截至2015年年末，我国的消费信贷总额已经达到189 519.83亿元，占金融机构各类贷款总额的比重已经从1997年的0.23%上升至20.17%。[1] 与此同时，开办消费信贷业务的金融机构也已经由原来的国有独资（股改后为国有控股）商业银行，扩充到了所有有条件开办消费信贷业务的商业银行和农村信用社、村镇银行以及小额贷款公司等金融机构和准金融机构。

从我国消费信贷业务的结构来看，中长期消费信贷在消费信贷总额中所占的比重虽然在总体上呈现出下降的趋势，但下降的速度非常缓慢，而且时有反弹，因而一直占有绝大比重。截至2015年末，我国各类中长期消费信贷总额为148 512.22亿元，占消费信贷总额的比重依然高达78.36%；短期消费信贷总额为41 007.61亿元，仅占消费信贷总额的21.64%。[2]

从覆盖面来看，经过近二十年的发展，我国各类金融机构提供的消

---

[1] 数据来源于中国人民银行《金融机构人民币信贷收支表》（2015）。
[2] 数据来源于中国人民银行《金融机构人民币信贷收支表》（2015）。

费信贷业务品种已经从发展之初单纯的住房消费信贷，扩充到10多个品种，主要包括：个人住房按揭贷款、个人汽车贷款、个人住房装修贷款、医疗贷款、旅游贷款、个人助学贷款、房产抵押贷款、小额质押贷款、个人综合消费贷款等，几乎囊括了所有的个人消费领域。

（2）我国消费信贷业务中存在的问题

综合上述对现状的描述并加以分析，就不难发现，表面上发展迅速的消费信贷业务中明显地存在着不可忽视的问题，突出表现为信贷的过度集中。对于这一问题，可以从以下三个方面来理解：①规模虽大，但业务结构严重不合理；期限长、额度大的贷款占绝大比重，短期消费信贷业务所占的比重严重偏低。②覆盖面虽广，覆盖率却明显偏低，除了住房贷款、汽车贷款和助学贷款为主体的中长期贷款以外，用于其他消费品的贷款很少，这表明虽然消费信贷的品种丰富，但其中真正能有效地发挥作用的甚少。③贷款在地域上过度集中。由于消费信贷是经济发展到一定阶段的产物，其发展需要较好的经济基础为支撑，因而我国的消费信贷业务主要集中于城市和经济较发达的地区，农村和欠发达地区消费信贷业务的发展严重滞后。这三个问题在很大程度上制约着消费信贷功能的正常发挥，并且是影响消费信贷效应的重要因素（详见本书第五部分的分析）。

1.3 我国消费信贷的效应概述

效应是指事物发挥作用时，被作用的对象所作出的反应，具体表现为被作用对象的规模、速度、结构或性质、状态等发生的变化。被作用对象所作出的反应可能有多种，有的与事物作用的方向相同，有的与事物作用的方向不同甚至相反。但是，被作用对象的最终反应则常常只有一种，它是综合各种反应的结果，是各种方向不同的反应所构成的"合力"。消费信贷作为作用于消费支出的一种金融手段，其效应具体表现为消费支出在规模、速度和结构等方面的变化。通常，消费信贷的最终效应表现为消费支出规模的增加或减少、消费支出增长速度的加快或减缓，以及消费支出结构的合理性的上升或下降，这是综合消费支出对消费信贷的各种反应的结果，是消费支出对消费信贷所产生的各种方向不同的反应所构成的"合力"。在这种"合力"的形成过程中，消费支出对消费信贷有各种正向反应，也有各种负向反应，前者与消费信贷的目标取向一致，后者与消费信贷的目标取向不一致，甚至相反。消费信贷对消费的最终效应（即消费支出对消费信贷的最终反应方向及反应的量）就是正向效应和负向效应各自的作用力按照"平行四边形"规则"合成"的结果。[①] 因此，要正确认识消费信贷对消费的最终效应，有效发挥消费信贷对消费的调节作用，就必须从分析消费信贷作用发挥过程中的基本效应开始。

1.3.1 消费信贷对消费的两种基本效应

与消费信贷的目标取向一致的消费支出对消费信贷的各种正向反应，即是消费信贷对消费的刺激效应；与消费信贷的目标取向不一致甚至相反的消费支出对消费信贷的各种负向反应，即是消费信贷对消费的挤出效应。刺激效应和挤出效应是消费信贷对消费的两种基本效应，同时也是利用消费信贷调节消费时的两个基本切入点。

(1) 消费信贷对消费的刺激效应

消费信贷对消费的刺激效应是指，随着消费信贷的增加，居民消费支出的规模扩大或增长速度加快，消费支出的结构也随着消费信贷支持重点的调整而发生相应的改变。在我国现实经济条件下，消费信贷对消

---

① 根据力学原理，当同一物体受到来自不同方向的作用力（压力或牵引力）时，其所受到的总的作用力的大小及方向，由不同受力方向及力度大小为相邻两边构成的平行四边形的对角线表示和决定。

费的刺激效应是利用消费信贷手段调节消费水平，发挥消费在扩大内需、刺激经济增长过程中的作用的基本着眼点。

消费信贷对消费的刺激效应包括直接刺激效应和间接刺激效应两种。直接刺激效应是指消费信贷直接扩大消费支出规模或加快消费支出增长速度的效应，由消费拉动效应和消费诱导效应两部分构成。前者表现为在没有发生"漏损"的情况下，消费信贷通过突破消费者的流动性约束而直接转变为消费支出；后者表现为在消费信贷的诱导下，居民通过减少储蓄或压缩非信贷消费来支付首付款的方式，增加信贷消费。间接刺激效应是指作为 GDP 的重要组成部分的消费支出，因受消费信贷的直接刺激而增加后，居民收入随着 GDP 的增长而增加，在既定的边际消费倾向下，使消费与储蓄同时增加的效应。间接刺激效应的基本作用机制是，消费信贷通过 GDP 的传导而作用于消费的增长。

消费信贷对消费的刺激效应是由直接刺激效应和间接刺激效应综合而成的，其形成过程如图 1-1 所示。

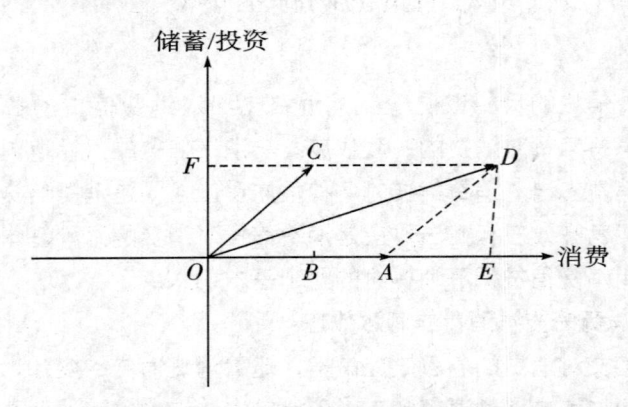

图 1-1 消费信贷对消费的刺激效应的形成过程

在图 1-1 中，横轴代表消费水平，纵轴代表储蓄或投资水平（在均衡状态下，储蓄＝投资）。OA 表示消费信贷对消费的直接刺激效应，其中，BA 表示消费信贷对消费的诱导效应，OB 表示消费信贷对消费的直接拉动效应。OC 表示消费信贷对消费的间接刺激效应，意味着在消费信贷的刺激下，GDP 增长导致居民收入增加，在既定的边际消费/储蓄倾向下，消费和储蓄/投资同时增加，由此可见，间接刺激效应不仅表现为对消费的刺激，也表现为对储蓄/投资的刺激。OD（平行四边形 $OADC$ 的对角线）表示在"平行四边形"规则下形成的消费信贷对消费的直接刺激效应和间接刺激效应的"合力"，这一"合力"不仅作用于消费，也作用于储蓄和投资。其中，被刺激的消费支出为 OE，被刺激的储蓄和投资为 OF。

（2）消费信贷对消费的挤出效应

消费信贷对消费的挤出效应是指，随着消费信贷的增加，在居民消费支出的结构随着消费信贷支持重点的调整而发生相应改变的同时，消费支出的规模相对缩小或增长速度相对下降。在我国现实经济条件下，由于消费信贷的目标取向在于刺激消费，基本着眼点是其对消费的刺激作用，因而消费信贷对消费的挤出效应常常被忽视。

在理解消费信贷对消费的挤出效应时，应明确挤出效应具体表现为受到信贷支持的消费行为对不能得到信贷支持的消费行为的挤出。通常，信贷消费品和非信贷消费品应归属于不同的消费品类别。例如，对住房类消费品的消费能够以按揭贷款的方式得到信贷支持，而对化妆品的消费通常不能得到信贷支持（通过信用卡透支方式消费除外），那么，受住房消费信贷刺激的住房消费就会对化妆品消费产生挤出效应，具体表现为消费者为筹集首付款或偿还住房贷款本息的资金而压缩对化妆品的消费。尽管对同一种消费品的消费行为有的能得到信贷支持，另一些则不能得到信贷支持，但彼此间并不存在挤出效应，因为对该类消费品的消费总额不会因消费者获得信贷支持而相对或绝对减少。换句话说，针对同一种消费品的消费而言，消费信贷对其只有刺激效应，没有挤出效应。

消费信贷对消费的挤出效应具有客观性、多因性和在一定程度上的可控性特点。

首先，消费信贷对消费的挤出效应具有客观性。因为从消费者作出信贷消费决策时起到实际得到信贷支持时止，需为筹集首付款而积累资金，这个过程在很大程度上来说，就是在既定的消费/储蓄倾向下压缩非信贷消费的过程，也就是信贷消费行为挤出非信贷消费行为的过程；而在实际获得信贷支持时起至还清全部贷款本息时止，又需为偿还贷款本息而积累资金，在这一过程中，同样存在信贷消费对非信贷消费的挤出。虽然从表面上看，商业银行可以通过持续地提供消费信贷而使消费者一定程度上保持"寅吃卯粮"的状态，这样一来，贷款后似乎就不存在信贷消费对非信贷消费的挤出了，但是，消费者自身的借贷能力是有限的，一旦饱和，在还清贷款本息前，消费者是不可能再次借到贷款的，更不可能借新还旧，因而在偿还贷款本息的过程中，通常都存在对非信贷消费的挤出。此外，在既定的信贷规模下，消费信贷对投资信贷的替代所引发的消费者收入下降效应，也会使消费者在既定的消费/储蓄倾向下的消费相对下降。因此，消费信贷对消费的挤出效应是客观存在的，只是在不同的时期和不同的国家或地区，程度不同而已。

其次，消费信贷对消费的挤出效应具有多因性。从表面上看，消费信贷对消费的挤出效应的形成原因似乎很简单，无非是因积累首付款和偿还贷款本息而挤出非信贷消费，以及消费信贷替代投资信贷后，消费者因收入相对减少而消费也相应地减少而已，但这只是表面现象，其背后隐藏着多种影响因素，包括贷款额度、消费信贷占信贷消费品价款的比例、消费者实际积累首付款的期限、消费者的消费计划中用于购置信贷消费品的份额、消费者的消费倾向和收入水平、市场利率水平、贷款期限和贷款利率，以及银行的信贷结构、产出增长与投资信贷增长之间的关系，等等，这些因素都在不同的方向和程度上影响着消费信贷对消费的挤出效应，整个挤出效应的形成过程是各种影响力量按照"平行四边形"规则进行连续组合的过程。关于这一问题，本书的第四、第五部分将作具体分析。

最后，消费信贷对消费的挤出效应在一定程度上具有可控性。

上述影响消费信贷对消费的挤出效应的各项因素中，有些是货币当局和商业银行能够直接调节和控制的（如贷款额度、消费信贷占信贷消费品价款的比例、市场利率水平、贷款期限和贷款利率、信贷结构），有些是能够加以引导的（如消费者实际积累首付款的期限、消费者消费计划中用于购置信贷消费品的份额、消费者的消费倾向），有些是没法控制的（如消费者的收入水平、产出增长与投资信贷增长之间的关系）。因此，消费信贷对消费的挤出效应兼具内生变量和外生变量的性质，货币当局和商业银行可以根据宏观调控目标的要求，对其"外生"部分进行有效的调节和控制，以使消费信贷的功能得到合理的发挥，这是利用消费信贷对消费的挤出效应调节消费水平和结构的基本依据。

与刺激效应一样，消费信贷对消费的挤出效应同样由两部分构成：直接挤出效应和间接挤出效应。直接挤出效应是指消费支出规模随着消费信贷的增加而相对下降或消费支出增长速度随着消费信贷的增加而相对减缓，其由首付款积累效应和本息偿还效应构成，前者是指消费者为积累首付款而减少非信贷消费，后者是指消费者为偿还贷款本息而减少非信贷消费。间接挤出效应是指因消费信贷挤出投资信贷，使投资对GDP的拉动作用减弱，导致消费者因收入相对下降而减少消费。间接挤出效应的基本作用机制是，消费信贷通过挤出投资信贷并借助于GDP的传导而挤出消费。

消费信贷对消费的挤出效应是由直接挤出效应和间接挤出效应综合而成的，其形成过程如图1-2所示。

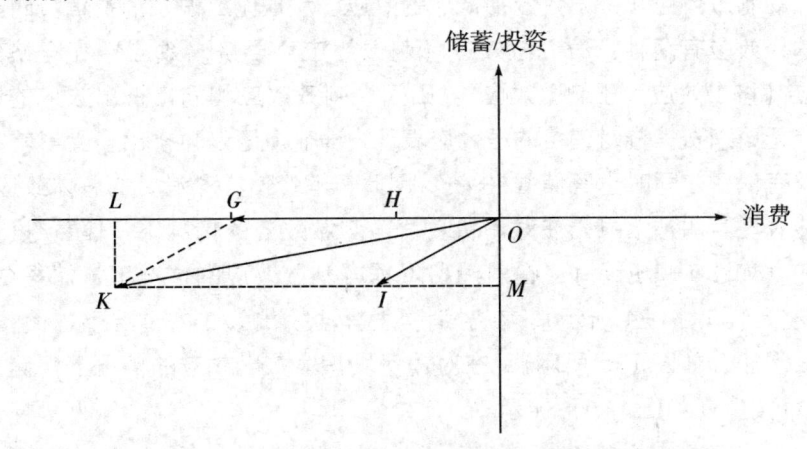

图1-2 消费信贷对消费的挤出效应的形成过程

在图 1-2 中，横轴代表消费水平，纵轴代表储蓄或投资水平（在均衡状态下，储蓄=投资）。OG 表示消费信贷对消费的直接挤出效应，其中，OH 表示首付款积累效应，HG 表示贷款本息偿还效应。OI 表示消费信贷对消费的间接挤出效应，意味着在消费信贷替代投资信贷的情况下，GDP 减少导致居民收入相应减少，在既定的边际消费/储蓄倾向下，消费和储蓄/投资同时减少。由此可见，间接挤出效应不仅表现为信贷消费对非信贷消费的挤出，也表现为对储蓄/投资的挤出。OK（平行四边形 $OGKI$ 的对角线）表示在"平行四边形"规则下形成的消费信贷对消费的直接和间接挤出效应的"合力"，这一"合力"不仅作用于消费，也作用于储蓄/投资。其中，被挤出的消费支出为 OL，被挤出的储蓄/投资为 OM。

1.3.2 消费信贷对消费的总体效应

消费信贷对消费的总体效应也可以理解为消费信贷对消费的净效应，即刺激效应和挤出效应相抵后的效应。从理论上说，消费信贷对消费的净效应有两种：净刺激效应（刺激效应大于挤出效应）和净挤出效应（挤出效应大于刺激效应）。因间接刺激效应和间接挤出效应的影响，无论消费信贷对消费的净效应表现为净刺激还是净挤出，受影响的不仅有消费，同时也有储蓄/投资。因此，消费信贷对消费的总体效应，最终表现为四种结果：在对消费发挥净刺激效应的情况下，储蓄/投资增加（如图 1-3 所示）；在对消费发挥净刺激效应的情况下，储蓄/投资减少（如图 1-4 所示）；在对消费发挥净挤出效应的情况下，储蓄/投资增加（如图 1-5 所示）；在对消费发挥净挤出效应的情况下，储蓄/投资减少（如图 1-6）所示。

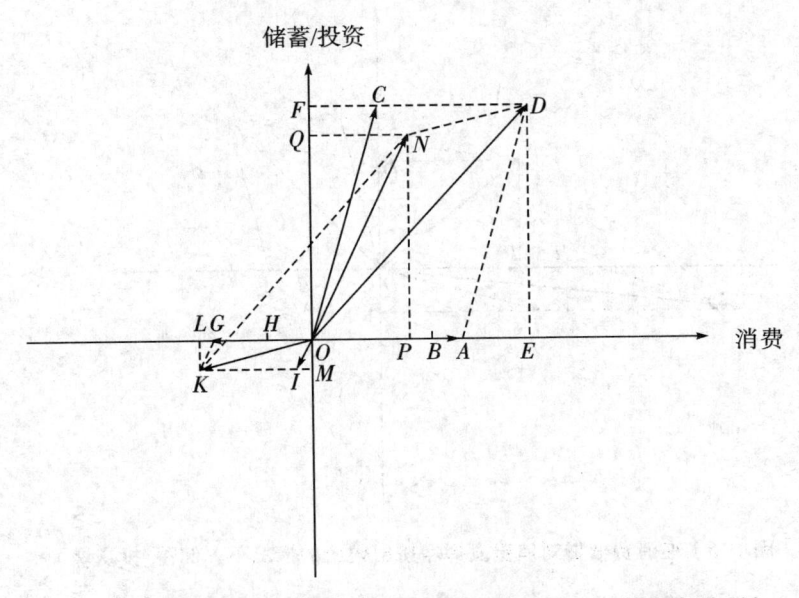

图1-3 在消费信贷对消费发挥净刺激效应的情况下，储蓄/投资增加

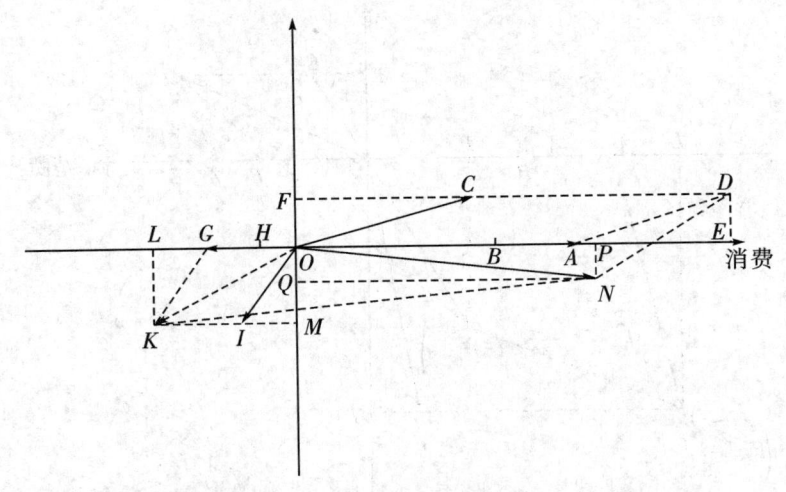

图1-4 在消费信贷对消费发挥净刺激效应的情况下，储蓄/投资减少

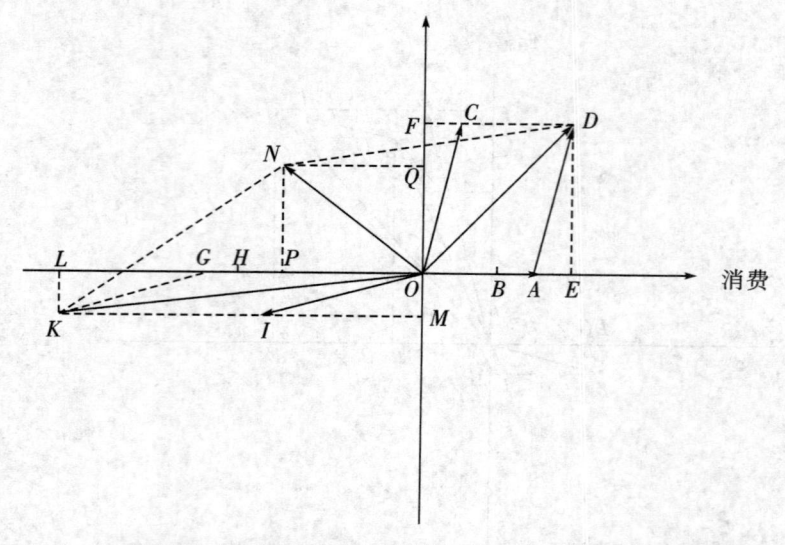

图 1-5 在消费信贷对消费发挥净挤出效应的情况下，储蓄/投资增加

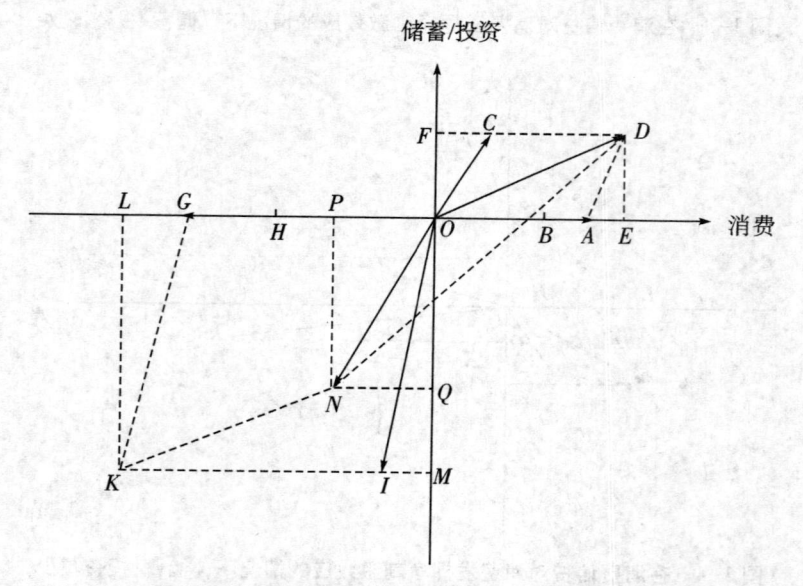

图 1-6 在消费信贷对消费发挥净挤出效应的情况下，储蓄/投资减少

在图 1-3 至图 1-6 中，横轴和纵轴以及 OA、OB、BA、OE、OD、OC、OF、OG、OH、HG、OL、OK、OI、OM 的含义均与图 1-1 和图 1-2 相同。ON（平行四边形 $OKND$ 的对角线）代表消费信贷的总体效应，它是根据平行四边形规则，以刺激效应 OD（平行四边形 $OADC$ 的对角线）和挤出效应 OK（平行四边形 $OIKG$ 的对角线）为相邻的两边，构建平行四边形 $OKND$ 后，取其对角线得到的。OP 表示消费信贷对消费的净刺激或净挤出效应；OQ 表示消费信贷对储蓄/投资的净刺激或净挤出效应。

通常，图 1-5 和图 1-6 所示的情况仅在理论上存在，现实经济生活中较多出现的是图 1-3 和图 1-4 所示的情况，即消费信贷的总体效应常常表现为在对消费发挥净刺激效应的情况下，储蓄/投资增加或减少。只有在极其特殊的情况下（例如，贷款首付比例在 50% 以上，并且消费者无初始货币积累，边际消费倾向极高，或既定的储蓄目标明确且不可动摇），才可能出现图 1-5 和图 1-6 所示的情况，即消费信贷的总体效应表现为在对消费发挥净挤出效应的情况下，储蓄/投资增加或减少。正因为如此，人们在看待消费信贷对消费的效应时，往往着眼于刺激效应，而对于挤出效应及其对总体效应的影响，则无论在理论研究还是实践操作中，都一直未能得到应有的重视。

2 我国消费信贷挤出消费的现状

前面的分析认为,消费信贷对消费的挤出效应是客观存在的,只是在不同的空间和时间中程度不同而已。分析我国消费信贷对消费的挤出效应的现状,就是在"目前"和"我国"这个特定的时间和空间中,分析其程度。

2.1 分析的基本思路

由于消费信贷对消费的总体效应通常表现为净刺激效应,即总体消费水平随着消费信贷的增加而增加,因而,尽管存在着信贷消费对非信贷消费的挤出,但因在分析时难以有效区别信贷消费和非信贷消费,而无法得到非信贷消费随着消费信贷的增加而减少的证据。因此,分析消费信贷对消费的挤出效应的现状时,只能根据相关经济现象,在事实层面上作出逻辑推断,同时,借助于计量经济模型作补充说明。基于这样的思路,本部分将循着两条路径来展开分析,并把两条路径的分析结论用以相互印证和补充。第一条路径是一般分析路径,主要通过对居民的收入水平、消费支出水平、消费倾向、消费率、消费需求对国内生产总值的贡献率等指标的比较分析,并辅之以与国外相关指标的对比,在事实层面上对我国消费信贷的消费挤出效应的现状作出定性判断。第二条路径是计量分析路径,主要通过分别对社会消费品零售总额、居民消费支出总额与居民收入总额、消费信贷总额的回归分析，以及相应的显著性检验，根据回归系数及其显著性，分析消费信贷额度的变化对社会消费品零售总额及居民消费支出的影响，据以判断是否存在信贷消费尤其是大额信贷消费对非信贷消费的挤出，并通过分析消费信贷实际拉动的消费与理论上应该拉动的消费，以及消费信贷在该项业务比较成熟的国家实际拉动的消费之间的差距的分析，来从量的角度判断我国消费信贷对消费的挤出效应的现状。

2.2　对挤出效应现状的一般分析

这里所说的一般分析，从其性质上来看，属于定性分析。其论证的基本方法是：首先说明或从逻辑上证明消费信贷对消费的挤出效应是产生某一经济现象的原因之一，然后根据对这一经济现象的具体表现及其变动程度的分析，得出"其他原因不足以对这一结果作出完全意义上的解释"这一结论，以此来推断消费信贷对消费的挤出效应的现状。换句话说，就是根据结果来倒推原因发挥作用的程度，并把除了所要分析的原因以外的其他原因在解释结果时出现的"空缺"，作为所要分析的原因对结果的解释力，以此推断出这一原因的作用力。就本部分所要分析的内容而言，被作为结果纳入分析过程的经济现象主要有居民的最终消费率、居民的边际消费倾向和消费对经济增长的拉动作用及贡献率。

2.2.1　从居民最终消费率的变化看挤出效应的现状

最终消费率是指最终消费支出占 GDP 的比重，由政府最终消费率和居民最终消费率两部分构成，分别代表政府最终消费支出和居民最终消费支出占 GDP 的比重。消费率的变化取决于最终消费支出的变化和

GDP 的变化，其中，GDP 的变化受制于消费支出（包括政府消费支出）、投资支出和净出口的变化。居民最终消费支出的增减除了受制于自身的收入水平外，也受制于消费信贷，消费信贷对消费的刺激效应和挤出效应会在不同方向上影响居民消费率的变化。自 20 世纪 90 年代后期以来，我国消费信贷发展迅猛。截至 2015 年年末，消费信贷余额已经从 1997 年的 172 亿元上升至 189 519.83 亿元，增加了 1 100.86 倍，年均增长率高达 47.57%。[①] 与消费信贷的强势增长速度相对照，我国居民的最终消费率变化情况又如何呢？表 2-1 列出了自 1981—2014 年间我国的消费信贷总额和我国居民的最终消费率；图 2-1 分别列出了自 1981—2014 年间我国的消费信贷总额和我国居民最终消费率的变化趋势，从中可以在一定程度上对消费信贷挤出消费的现状做出初步判断。

表 2-1　　　　　居民的最终消费率及消费信贷总额

年份	居民最终消费率（%）	消费信贷总额（亿元）
1981	53.64	—
1982	53.76	—
1983	53.90	—
1984	51.06	—
1985	51.19	—
1986	51.35	—
1987	49.97	—
1988	48.88	—
1989	51.36	—
1990	50.25	—
1991	48.16	—
1992	45.49	—

---

① 中国人民银行货币政策司. 中国消费信贷发展报告 [N]. 金融时报，2003-03-22. 数据来源于中国人民银行《金融机构人民币信贷收支表（按部门）》（1999—2015）。

表2-1(续)

年份	居民最终消费率（%）	消费信贷总额（亿元）
1993	44.18	—
1994	44.26	—
1995	45.92	—
1996	47.03	—
1997	46.11	172.00
1998	45.74	732.74
1999	46.48	1 408.20
2000	47.09	4 279.70
2001	45.99	6 990.30
2002	45.52	10 669.20
2003	43.45	15 736.00
2004	41.43	19 882.00
2005	40.47	22 003.00
2006	38.65	24 047.70
2007	37.23	32 729.00
2008	36.41	37 210.29
2009	36.65	55 333.65
2010	35.72	75 107.68
2011	36.46	88 716.86
2012	37.17	104 367.17
2013	37.37	129 721.02
2014	38.19	153 659.68

资料来源：居民的最终消费率系根据《中国统计年鉴》(2015)的数据计算得到；消费信贷总额来自中国人民银行《金融机构人民币信贷收支表（按部门）》(2006—2015)、中国人民银行货币政策司《中国消费信贷发展报告》、中国人民银行货币政策分析小组《2006年中国区域金融运行报告》，以及每年的《货币政策执行报告》。

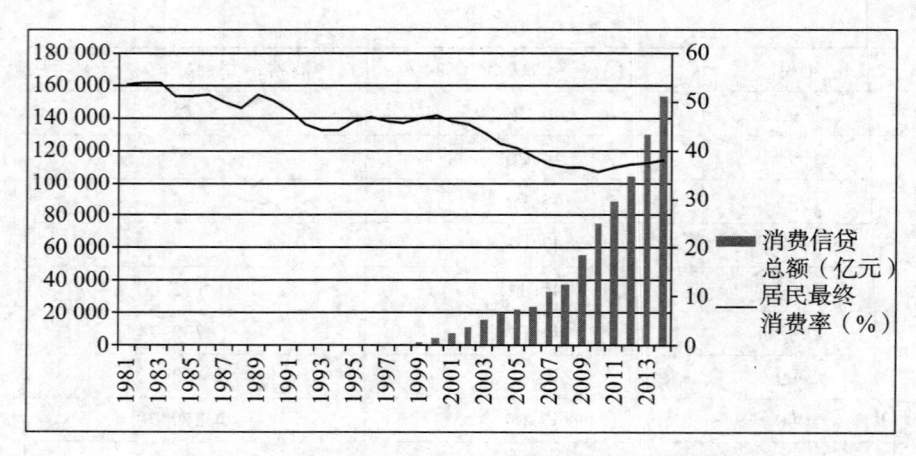

图 2-1　消费信贷总额及居民最终消费率变动趋势

从表 2-1 和图 2-1 中可以清晰地看出，在基本没有消费信贷刺激的 20 世纪 80 年代，居民的最终消费率一直比较稳定，维持在 50% 左右，而且绝大部分时间在 50% 以上。自 1990 年开始，居民的最终消费率呈现出明显的下降趋势。究其原因，主要有三个方面：一是改革开放十年后，居民的收入增长导致边际消费倾向下降；二是投资支出、政府支出和净出口对 GDP 的贡献率上升，尤其是 1993 年的人民币汇率并轨，在很大程度上提高了净出口对 GDP 增长的贡献率；三是 20 世纪 80 年代末期"抢购风"后居民的消费观念逐步趋向理性，加之"大锅饭"体制随着改革的深化而进一步被打破，居民的预防性储蓄动机开始上升。尽管如此，这一阶段居民最终消费率的下降幅度很有限，九年间共下降了 5.62 个百分点。在 1999 年至 2000 年间，我国居民的最终消费率在消费信贷的刺激下，有比较明显地增长。据此不难看出，我国的消费信贷是在居民消费率持续降低、消费对经济增长的贡献率不断下降的情况下，被作为"救急"措施而推上"前台"的。应该说，在消费信贷政策实施的初期，居民最终消费率有一定程度地提高，在短短的两年之内，就上升了 1.35 个百分点。然而，"好景"不长，自 2001 年至 2010 年的 10 年间，居民的最终消费率除了 2009 年略有回升外，在其他各年都随着消费信贷规模的迅速上升而急剧下降,在 2010 年,更是降到了最低谷,仅为 35.32%,十年间共下降了 11.37 个百分点。而同期,消费信贷的余额则从 4 279.7 亿元增长到 75 107.68 亿元,增长了 1 654.98%。尽管可以用多种原因来解释这一现象,例如,居民边际消费倾向下降、政府支出和投资支出贡献率上升等,但是,在如此强大的消费信贷政策支持下,居民的最终消费率却随着消费信贷规模的迅速上升而下降得如此"酣畅淋漓",恐怕前述原因已没有"能力"对这一结果"承担全部责任"了。这种情况表明,我国的消费信贷增长与居民消费率下降之间在一定程度上客观存在因果关系,即消费信贷对消费的挤出效应,已经明显到了不能被忽视的程度。虽然自 2011 年起,我国居民的最终消费率又一次出现了缓慢回升的势头,截至 2014 年,四年间共回升了 2.47 个百分点,但另一个同样不容忽视的事实则是消费信贷规模的巨额增长,四年间从 75 107.68 亿元上升到 153 659.68 亿元,增长率高达 104.59%,年均增长率为 19.60%。与消费信贷规模如此快速的增长相比,同一时期内居民最终消费率的增长无疑表现得极其"不给力"。

2.2.2 从居民边际消费倾向的变化看挤出效应的现状

边际消费倾向(MPC)是指居民消费支出的增量与居民的收入增量之比。通常,边际消费倾向有随着收入的增长而逐步递减的趋势,高收入阶层的边际消费倾向低于中低收入阶层。消费信贷能刺激即期消费,因而能在一定程度上遏制边际消费倾向递减的势头。但是,消费信贷能在多大程度上遏制消费者边际消费倾向递减的势头,除了受消费者收入水平变化的影响外,同样也受制于其自身对消费的挤出效应的大小。挤出效应越大,消费信贷遏制消费者边际消费倾向递减势头的力度就越弱,反之亦然。自 1998 年以来,我国消费信贷业务发展迅速,尤其是以住房贷款为主体的中长期消费信贷,增势强劲。近年来,由于我国住房保障制度的不完善,除了高收入阶层以外,属于中等收入阶层的居民也大量地采用按揭方式解决住房问题，甚至部分中低收入的居民，也加入了按揭购房的行列。因这部分借款人收入相对偏低，且储蓄有限，无论在积累首付款过程中，还是在偿还贷款本息的过程中，对非信贷消费的挤出效应都比较大，从而使消费信贷遏制边际消费倾向下降势头的力度明显削弱。因此，我国消费信贷对消费的挤出效应发挥的程度，可以从近年来消费信贷的增长态势和居民边际消费倾向的下降态势的对比中，得到反映（如表2-2所示）。

表2-2　　　　　　　城镇居民收支情况及边际消费倾向

年份	人均可支配收入（元）金额	增量	人均消费支出（元）金额	增量	边际消费倾向（%）
1994	3 496.2	—	2 851.30	—	—
1995	4 283.00	786.80	3 537.60	686.30	87.23
1996	4 838.90	555.90	3 919.50	381.90	68.70
1997	5 160.30	321.40	4 185.60	266.10	82.79
1998	5 425.10	264.80	4 331.60	146.00	55.14
1999	5 854.00	428.90	4 615.90	284.30	66.29
2000	6 280.00	426.00	4 998.00	382.10	89.69
2001	6 859.60	579.60	5 309.00	311.00	53.66
2002	7 702.80	843.20	6 029.90	720.90	85.50
2003	8 472.20	769.40	6 510.90	481.00	62.52
2004	9 421.60	949.40	7 182.10	671.20	70.70
2005	10 493.00	1 071.40	7 942.90	760.80	71.00
2006	11 759.50	1 266.50	8 696.60	753.70	59.51
2007	13 785.80	2 026.30	9 997.50	1 300.90	64.20
2008	15 780.30	1 994.50	11 242.90	1 245.40	62.44
2009	17 174.70	1 394.40	12 265.00	1 022.10	73.30
2010	19 109.40	1 934.70	13 471.50	1 206.50	62.36
2011	21 809.80	2 700.40	15 160.90	1 689.40	62.56
2012	24 564.70	2 754.90	16 674.30	1 513.40	54.93

表2-2(续)

年份	人均可支配收入（元）		人均消费支出（元）		边际消费倾向（%）
	金额	增量	金额	增量	
2013	26 955.10	2 390.40	18 467.50	1 793.20	75.02
2014	29 381.00	2 425.90	19 968.10	1 500.60	61.86

数据来源：城镇居民人均可支配收入和人均消费支出均来自《中国统计年鉴》（2015年），边际消费倾向系根据上述数据计算得到。

在表2-2中，城镇居民的边际消费倾向的计算公式为：边际消费倾向（MPC）=城镇居民人均消费支出增量÷城镇居民人均可支配收入增量。从该表中可以看出，在2000年以前，我国城镇居民的边际消费倾向一直处于波动之中，没有明显的升降趋势。但从2000年开始，我国城镇居民的边际消费倾向进入了一个比较平缓的下降通道中，其间虽有波动，但总体上平缓下降的趋势比较明显（如图2-2所示），从2000年的89.69%降至2014年的61.86%（其间下降趋势尤为明显的时段是2000至2012年），最低时，低至2001年的53.66%，并在2012年再度接近这一水平，降至54.93%。而这期间，正是我国消费信贷规模突飞猛涨的阶段。另外，在2000—2008年间，我国城镇居民的边际消费倾向在波动中下降了27.25个百分点，从2000年的89.69%下降至2008年的62.44%，其间虽然出现数次反弹，但下降趋势依然十分明显，而根据古炳鸿、李红岗、叶欢（2009）年的研究，同样在这一阶段，消费信贷市场比较成熟、人均收入水平较高的美国居民的边际消费倾向却维持在86%至131%的区间内波动。很显然，在消费信贷政策的强劲支持下，我国城镇居民的边际消费倾向在这一阶段内本不应该出现如此明显的下降趋势，但这种趋势既然出现了，就不能单纯地用自身的递减规律来解释了。由于客观存在的消费信贷对消费的挤出效应，在消费信贷规模迅速扩张，同时结构问题又十分突出（例如，在消费信贷总额中，住房消费贷款占了绝大比重）的情况下，迅速累积和释放，削弱了消费信贷对消费者边际消费倾向递减势头的遏制力度，城镇居民的边际消费倾向才得以冲破消费信贷的"阻拦"，造就自身在这一阶段明显的下降趋势。由此可见，消费信贷对消费的挤出效应已成为我国城镇居民的边际消费倾向在消费信贷的强大支撑下明显下降这一现象的重要解释变量，这从另一个侧面说明了我国现阶段消费信贷对消费的挤出效应的严重程度。

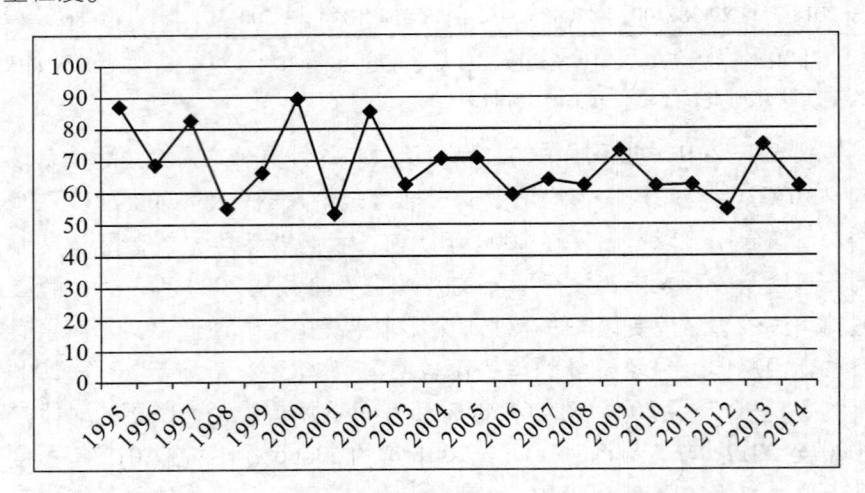

图 2-2　城镇居民边际消费倾向变动趋势

2.2.3　从消费对经济增长的贡献率和拉动作用看挤出效应的现状

消费需求对经济增长的贡献率是指消费需求增量与按支出法计算的国内生产总值的增量之比；拉动作用是指国内生产总值增长速度与消费需求对经济增长的贡献率的乘积。通常，消费需求越高，消费对经济增长的贡献率就越大；相应地，消费对经济增长的拉动作用也越强。消费信贷是刺激消费的重要手段，同时也是消费需求的重要构成部分，从这一意义上说，消费信贷的增长无疑会增大消费需求，消费在经济增长中的贡献率和拉动作用也会随之上升。在消费信贷规模大幅度上升的情况下，如果消费对经济增长的贡献率和拉动作用明显下降，其原因就值得深思了。

表 2-3 三大需求对国内生产总值增长的贡献率和拉动作用①

年份	最终消费支出 贡献率（%）	最终消费支出 拉动作用（百分点）	资本形成总额 贡献率（%）	资本形成总额 拉动作用（百分点）	货物和服务净出口 贡献率（%）	货物和服务净出口 拉动作用（百分点）
1978	39.4	4.6	66.0	7.7	-5.4	-0.6
1979	87.3	6.6	15.4	1.2	-2.7	-0.2
1980	77.5	6.1	20.7	1.6	1.8	0.1
1981	93.4	4.9	-4.3	-0.2	10.9	0.5
1982	64.7	5.9	23.8	2.2	11.5	1.0
1983	74.1	8.1	40.4	4.4	-14.5	-1.6
1984	69.3	10.5	40.5	6.2	-9.8	-1.5
1985	71.1	9.6	79.9	10.8	-51.0	-6.9
1986	45.0	4.0	23.2	2.0	31.8	2.8
1987	50.3	5.8	23.5	2.7	26.2	3.1
1988	49.6	5.6	39.4	4.5	11.0	1.2
1989	39.6	1.6	16.4	0.7	44.0	1.8
1990	81.0	3.1	-54.2	-2.1	73.3	2.9
1991	65.1	6.0	24.3	2.2	10.6	1.0
1992	72.5	10.3	34.2	4.9	-6.8	-1.0
1993	59.5	8.3	78.6	11.0	-38.1	-5.3
1994	30.2	4.0	43.8	5.7	26.0	3.4
1995	46.1	5.1	46.7	5.1	7.2	0.8
1996	60.1	6.0	34.3	3.4	5.6	0.6
1997	37.0	3.4	18.6	1.7	44.4	4.2
1998	57.1	4.4	26.4	2.1	16.5	1.3

---

① 本表数据按不变价格计算。

表2-3(续)

年份	最终消费支出 贡献率(%)	最终消费支出 拉动作用(百分点)	资本形成总额 贡献率(%)	资本形成总额 拉动作用(百分点)	货物和服务净出口 贡献率(%)	货物和服务净出口 拉动作用(百分点)
1999	74.7	5.7	23.7	1.8	1.6	0.1
2000	78.9	6.6	21.6	1.8	−0.5	0.0
2001	48.6	4.0	54.3	5.3	−12.9	−1.1
2002	57.3	5.2	37.9	3.4	4.8	0.4
2003	35.8	3.6	69.6	7.0	−5.5	−0.5
2004	43.0	4.3	61.3	6.2	−4.3	−0.4
2005	55.0	6.2	32.3	3.7	12.6	1.4
2006	42.4	5.4	42.3	5.4	15.2	1.9
2007	45.8	6.5	43.4	6.2	10.8	1.5
2008	45.0	4.3	52.3	5.0	2.7	0.3
2009	56.8	5.2	86.0	7.9	−42.8	−3.9
2010	46.3	4.9	65.2	6.9	−11.5	−1.2
2011	62.8	6.0	45.4	4.2	−2.4	−0.2
2012	56.5	4.3	41.8	3.2	1.7	0.1
2013	48.2	3.7	54.3	4.2	−2.4	−0.2
2014	51.6	3.8	46.7	3.4	1.7	0.1

数据来源：《中国统计年鉴》(2009)。

从表2-3中可以看出，虽然在1979—1997年期间，消费需求对我国经济增长的贡献率和拉动作用，在波动过程中基本上呈现出了一种下降的趋势，但在大部分时间中，尽管没有消费信贷的支撑，对我国经济增长发挥举足轻重作用的依然是消费需求，投资（即资本形成）需求和净出口只处于"配角"地位。1998—2000年，消费需求对经济增长的贡献率和拉动作用在政府刺激消费的一系列政策措施的诱导和刚刚起步的消费信贷的支撑下，出现了比较明显的回升。然而，同样是"好景"不长，自2001年起，消费在推动经济增长过程中的地位和作用，就伴随着消费信贷规模的迅速扩张，出现了明显的下降趋势。与此同时，投资的地位和作用则得到迅速地提升，出现了在净出口的"配合"下，消费需求和投资需求共同"领衔主演"拉动经济增长这部"大剧"的格局（如图2-3所示）。

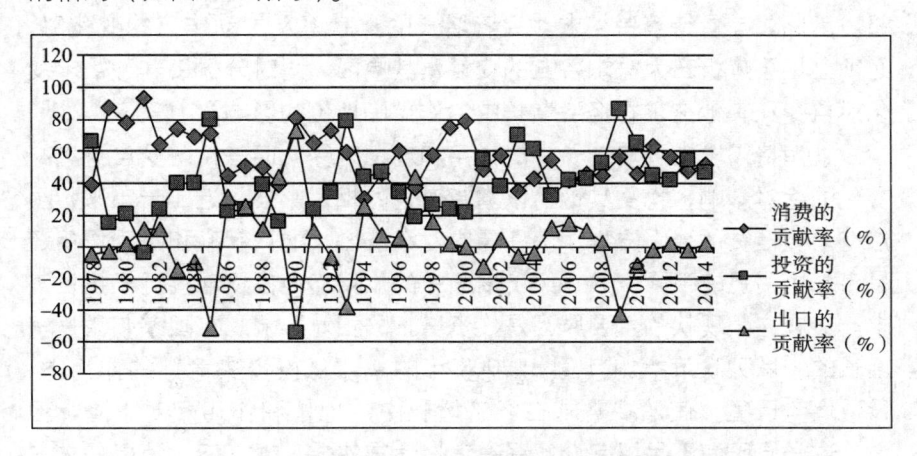

图2-3 三大需求对国内生产总值增长的贡献率变动趋势

有人认为，这一现象是由消费者的边际消费倾向下降和三大需求（消费、投资和净出口）的结构发生变化所致。从表面上看，这种解释似乎有一定的说服力，但细加分析却不难发现，这种解释在一定程度上是一种逻辑的颠倒。因为，尽管边际消费倾向递减是一种趋势，但人们却只能作为结果来对其加以考察，即是消费相对减少使人们发现了边际消费倾向在这一阶段的递减趋势，而不是边际消费倾向递减造成了消费的相对减少，用边际消费倾向递减来解释消费对经济增长的贡献率和拉动作用的变化，显然有因果倒置之嫌，再者，在经济发展史上，边际消费倾向随着消费者收入增加而上升的事例并不少见。三大需求的结构变化本身就是一种结果，造成这种结果的真正原因是消费、投资和进出口的宏观和微观环境及相关政策的变化，因环境和政策变化导致的消费、投资、净出口的任何变化，都会造成三大需求的结构变化。具体地说，因环境和政策变化导致投资和净出口的增减会使消费在经济增长中的贡献率和拉动作用下降或上升，同样，因环境和政策变化导致消费的增减也会使投资和净出口在经济增长中的贡献率和拉动作用下降或上升。由此可见，用三大需求的结构变化来解释各自对经济增长的贡献率和拉动作用的变化，无非是用结果来解释结果而已，真正的原因会因此而被忽略。因此，在看待消费需求对经济增长的贡献率及拉动作用的变化时，必须立足于分析三大需求各自的变化及其原因，同时分析每一种需求变化对自身和其他需求在经济增长中的作用和地位的影响。

就消费需求在经济增长中的作用和地位的变化而言，既受自身增减变化的绝对影响，也受其他需求增减变化的相对影响。近二十年来，虽然有消费信贷的强大支撑，消费需求对经济增长的贡献率和拉动作用还是出现了明显的下降，其在经济增长中的作用和地位逐渐接近于投资需求。造成这一现状的主要原因是投资增长的相对影响。在国家刺激投资增长的一系列政策措施（例如2008年的4万亿投资决策）的作用下，投资增势迅猛，使消费需求在经济增长中的地位和作用相对下降。但是，这一原因尚不足以完全解释在消费信贷的强大支撑下，消费需求在经济增长中的作用和地位明显下降这一现象，消费需求自身的变化对其作用和地位的绝对影响也不能被忽视。相对于投资需求而言，消费需求具有更强的"内生性"特征，如果没有消费信贷的刺激和支撑，则消费需求对经济增长的贡献率和拉动作用，在政府对投资采取一系列刺激和鼓励措施的情况下，明显下降也就不足为奇了。问题是，我国消费需求对经济增长的贡献率和拉动作用明显下降，并且"龙头"地位随时有可能被投资需求"替代"的现象恰恰发生在消费信贷规模迅速扩张，使消费需求的"外生性"特征明显增强的阶段，而在没有消费信贷支撑的大部分时间中，消费需求却在拉动经济增长的过程中稳居"龙头"地位。显然，在这一阶段中，消费信贷对消费的刺激作用并没有得到充分地发挥，而消费信贷对消费的挤出效应则无疑是导致消费信贷作用发挥不充分的重要原因。因此，从近几年"消费需求对经济增长的贡献率和拉动作用在消费信贷的强力支撑下明显下降"这一事实中，可以推断出"我国的消费信贷对消费存在比较严重的挤出效应"这一结论。

2.2.4 从消费信贷的结构看挤出效应的现状

如果单纯从直接挤出效应来分析，那么，单笔消费贷款的额度越大，其对消费的挤出效应就越强，因为无论是取得信贷支持前积累首付款的压力，还是取得贷款后每期还本付息的压力，都会导致消费者在非信贷消费上对信贷消费作出更大的"让步"。特别是随着住房消费的进一步升温，单笔贷款额度较大的住房按揭贷款和汽车贷款的对象逐步从收入和边际储蓄倾向都较高的高收入阶层，向收入和边际储蓄倾向都较低的中等收入阶层甚至少数中等偏低收入阶层"漫延"，借款人必然因积累首付款和偿还本息的需要而在非信贷消费上作出更大的"让步"。同时，在现实中，借款人为了偿还助学贷款而"节衣缩食"的现象更是司空见惯的。

目前，在已经公布的统计资料中，尚无法获得完整的按消费品种类分类的消费贷款数据，中国人民银行和国家统计局公布的消费信贷数据都是按期限分类的。由于中长期消费信贷基本上是由住房贷款、汽车贷款和少量的助学贷款组成，而这些贷款除了期限较长外，还有一个共同特点，那就是单笔贷款的额度较高，大部分贷款的额度从数万元至数十万元乃至上百万元不等。因此，从消费信贷的期限结构中，不但可以看出期限长的贷款在消费贷款总量中所占的比重，而且还可以看出单笔额度较大的贷款在消费贷款总量中所占的比重。

根据前述分析，可以从表 2-4 和图 2-4 所反映的我国消费信贷的规模和中长期消费信贷的占比及其变动趋势中，推断出消费信贷挤出消费的严重程度。

表 2-4　　　　消费信贷的规模及中长期消费信贷占比

年份（年）	消费信贷余额(亿元)	中长期消费信贷余额（亿元）	中长期消费信贷所占的比重 余额占比(%)	中长期消费信贷所占的比重 当年增量占比(%)
1998	732.74	427.00	58.27	—
1999	1 408.20	1 357.70	96.43	137.79
2000	4 279.70	3 376.90	78.90	70.32
2001	6 990.30	6 065.90	86.78	99.20
2002	10 669.20	9 472.30	88.78	92.60
2003	15 736.00	13 691.70	87.01	83.28
2004	19 882.00	17 603.00	88.54	94.34
2005	22 003.00	20 295.97	92.24	126.97
2006	24 047.70	21 047.35	87.52	36.75
2007	32 729.00	29 624.89	90.52	98.80
2008	37 210.29	33 073.43	88.88	76.95
2009	55 333.65	48 955.79	88.47	87.63
2010	75 107.68	65 507.16	87.22	83.70
2011	88 716.86	75 161.80	84.72	70.94
2012	104 367.17	84 999.74	81.44	62.86
2013	129 721.02	103 163.08	79.53	71.64
2014	153 659.68	121 168.95	78.86	75.22
2015	189 519.83	148 512.22	78.36	76.25

数据来源：消费信贷及中长期消费信贷的余额来自中国人民银行《金融机构人民币信贷收支表（按部门）》(1999—2015)、中国人民银行货币政策司《中国消费信贷发展报告》、中国人民银行货币政策分析小组《2006年中国区域金融运行报告》，以及每年的《货币政策执行报告》。中长期消费信贷的余额和增量所占的比重系根据前述数据计算得到。

2 我国消费信贷挤出消费的现状

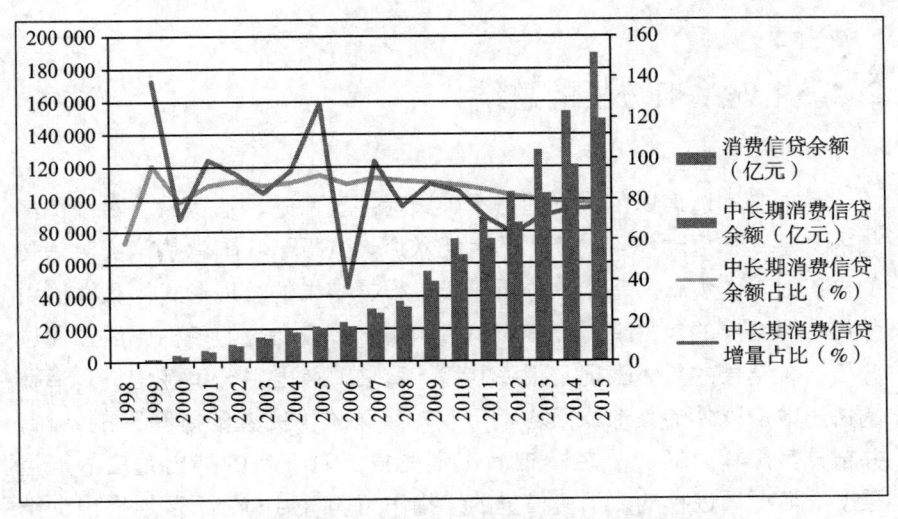

图 2-4 消费信贷规模及中长期消费信贷占比变动趋势

表 2-4 和图 2-4 显示，在 1998—2015 年，除了个别年份外，无论是余额还是当年的增量，中长期消费信贷都占有绝大比重，甚至在有些年份，中长期消费信贷的增量在消费信贷增量中所占的比重，明显地超过了中长期消费信贷余额在消费信贷余额中所占的比重。由于中长期消费信贷主要由单笔额度较大的住房贷款、汽车贷款和助学贷款构成，其中住房贷款是中长期消费信贷的主体，[①] 因此，这样的信贷结构清楚地表明，消费者在积累首付款和偿还每期的本息时，承受着巨大的压力，据此，在我国现实经济条件下，信贷消费对非信贷消费的挤出程度是可想而知的。

---

① 根据蔡浩仪、徐忠（2005）的研究，住房贷款在消费信贷总额中所占比重一直维持在 80% 以上，是消费信贷的主力，其次是汽车消费贷款和少量的助学贷款。但笔者根据中国人民银行公布的统计数据计算出的相关指标表明，在 1998 年和 2000 年并没有达到这一水平，其中 2000 年接近这一水平，为 78.9%，由于汽车和助学贷款业务尚未真正开办，当年的中长期消费信贷仅为住房消费信贷一项。

2.2.5 对一般分析的总结

前面分别以居民的最终消费率、边际消费倾向、消费需求对经济增长的贡献率和拉动作用的变化作为切入点,分析了我国消费信贷对消费的挤出效应的现状。基本的分析模式是根据结果的表现形式,列举出引发每一种结果的包括消费信贷对消费的挤出效应在内的多种原因,通过分析各种结果的具体表现及相关的经济背景,得出"除消费信贷对消费的挤出效应以外的其他原因均不足以对结果作出完整的解释"的结论,并根据其解释力的"不足"推断出消费信贷对消费的挤出效应的严重程度。而最后进行的以消费信贷的结构作为切入点的分析及所得出的结论,则可看成是对前面的分析结论的进一步强化,以及在一定层面上对挤出效应的形成原因的初步解释。

整个分析过程类似于对"病因"的常规诊断:经济中出现了三种"症状"(居民最终消费率、边际消费倾向、消费需求对经济增长的贡献率和拉动作用均明显下降),引起每一种"症状"的可能的"病因"中都有消费信贷对消费的挤出效应,而其他所有"病因"都无法使"症状"如此严重,因而得出消费信贷对消费的挤出效应是引起上述"症状"的重要"病因"这一初步"诊断"结论,同时借助于"对消费信贷结构及其与挤出效应之间的关系的分析"这一"常规检验手段",使"病因"及其严重程度得到基本"确诊"。

通常,在传统的"诊断"技术手段下,经过这样一个"诊断"程序,就已经有充分的把握得出"诊断"结论了。但是,在出现更先进的"诊断"技术和手段后,就有了进一步验证常规"诊断"结论的必要,这种更先进的"诊断"技术和手段即是指计量经济分析方法。虽然前面的分析结论已经具有可靠性,但毕竟是一种定性分析。为了使分析结论更加具有说服力,有必要借助于计量经济分析模型,作进一步的分析和验证,这就是本书接下来需要深入分析的问题。

2.3 对挤出效应现状的计量经济分析

计量经济分析是以经济理论和实际的经济数据为依据,运用数学和统计学的方法,通过建立数学模型来研究经济现象的数量关系和规律的一种经济分析方法。如果说前面的一般分析归属于定性分析的范畴,那么,计量经济分析就属于典型的定量分析。针对本书所研究的问题,定量分析比定性分析更具体、更精确,能进一步验证定性分析的结论。

2.3.1 计量经济分析的基本设想

(1) 分析的基本思路

针对所要研究的问题,这里以消费信贷对社会消费品零售总额、消费者的消费支出总额的影响作为分析的切入点。

一方面,分析消费信贷对社会消费品零售总额的影响。考虑到社会消费品零售总额中并不包括住房、汽车和求学等消费内容,因此主要依据短期消费信贷额度的变化来判断短期消费信贷对居民日常消费的影响作用的强弱及其显著性,并根据分析结果判断短期消费信贷在刺激日常的"此消费"的同时,是否在一定程度上挤出了"彼消费"。

另一方面,分析消费信贷对居民消费支出总额的影响。本书根据分析结果判断消费信贷对消费的总体刺激效应,同时在理论上分析现阶段我国的消费信贷对消费应有的刺激效应,在此基础上,结合本书第一部分对总体挤出效应的解释,并辅之以与国外相关资料的对比,对我国现阶段消费信贷挤出消费的严重程度作出客观评价。

(2) 模型的设计及样本的选取

鉴于上述分析思路,并考虑到"恒久收入—理性预期理论"已被消费者对于可预期的收入变化的"过度敏感性"（Excess Sensitivity）和对于未预期的收入变化的"过度平滑性"（Excess Smooth）这两个事实证明了与现实不符，故在这里选择凯恩斯的"绝对收入消费理论"作为分析的理论基础。根据这一理论，在除消费者的收入以外的其他因素不变的情况下，消费函数可记为 $C = C(Y)$，意指人们的消费支出是其收入的函数，消费随收入的变化而变化。根据这一理论基础，这里以收入和消费信贷额为解释变量，建立如下的线性回归模型：

$$C = \beta_0 + \beta_1 Y + \beta_2 L + \varepsilon$$

其中 C 代表消费支出，在不同的分析中，可分别以 RC 和 TC 代表社会消费品零售总额和居民消费支出总额；Y 代表消费者的收入总额，在不同的分析中，可分别以 UY 和 TY 分别代表城镇居民可支配收入总额和城乡居民收入总额；L 代表消费信贷增加额，在不同的分析中，可分别以 LL、SL 和 TL 代表中长期消费信贷、短期消费信贷和消费信贷总额的增加额；ε 表示残差，代表除了消费者收入水平和消费信贷增加额以外的其他因素，以及模型设定误差对消费支出的影响；β_0、β_1、β_2 为待定参数，分别代表消费者的初始消费水平、收入水平及消费信贷增加额对消费支出的影响程度。

由于我国消费信贷业务的服务对象主要是城镇居民，购买商品住宅的也主要是城镇居民，因此，这里的分析主要立足于城镇居民的相关资料，只是在分析消费信贷对社会消费品零售总额的影响时，才使用城乡居民的收入总额数据。根据模型分析的基本思路以及相关统计资料的可得性，笔者选取了1998—2014年的相关资料，作为模型分析的样本（如表2-5所示）。这些资料的原始出处是《中国统计年鉴》和中国人民银行历年的《货币政策执行报告》《金融机构人民币信贷收支表（按部门）》和其他相关统计资料。由于城镇居民可支配收入总额和农村居民纯收入总额以及作为两者之和的城乡居民收入总额没有公开发布的统计数据，因而只能根据其他公开发布的相关统计数据进行推算。具体的推算方法是：先根据国家统计局公布的城镇居民消费支出总额和人均消费支出额，以及农村居民消费支出总额和人均消费支出额，计算出纳入统计口径的城镇居民数和农村居民数,再分别乘以国家统计局公布的城镇居民人均可支配收入额和农村居民人均纯收入额,分别得到城镇居民可支配收入总额和农村居民纯收入总额,再把两者相加可得到城乡居民收入总额。

表 2-5　　　　　　　　　样本数据

年份(年)	社会消费品零售总额(亿元)	居民消费支出总额(亿元)	居民收入总额（亿元）			消费信贷增加额（亿元）		
			农村居民纯收入	城镇居民可支配收入	城乡居民收入总额	中长期消费信贷	短期消费信贷	合计
	RC	TC	—	UY	TY	LL	SL	TL
1998	33 378.10	23 947.00	20 214.70	30 000.80	50 215.50	255.00	305.74	560.74
1999	35 647.90	27 104.40	20 54.72	34 362.98	55 117.70	930.70	−255.24	675.46
2000	39 105.70	31 375.90	21 069.29	39 438.40	60 507.69	2 019.20	852.30	2 871.50
2001	43 055.40	34 411.30	22 149.50	44 50.21	66 599.71	2 689.00	21.60	2 710.60
2002	48 135.90	38 059.70	22 973.57	48 604.67	71 578.24	3 406.40	272.50	3 678.90
2003	52 516.30	41 568.80	23 993.13	54 052.64	78 045.77	4 219.40	847.40	5 066.80
2004	59 501.00	47 354.40	25 840.32	62 088.34	87 928.66	3 911.30	237.40	4 146.00
2005	68 352.60	54 320.40	26 625.08	71 772.12	98 397.20	2 692.97	−571.97	2 121.00
2006	79 145.20	61 479.50	28 696.00	83 022.07	111 718.07	751.38	1 293.32	2 044.70
2007	93 571.60	74 204.80	32 874.78	102 290.64	135 165.42	8 577.54	103.76	8 681.30
2008	114 830.10	86 497.50	37 513.53	121 350.51	158 864.04	3 448.54	1 032.75	4 481.29
2009	132 678.40	95 994.70	39 576.58	134 477.90	174 054.48	15 882.36	2 241.00	18 123.36
2010	156 998.40	112 447.20	45 398.73	159 372.40	204 771.13	16 551.37	3 222.66	19 774.03
2011	183 918.60	135 456.60	54 911.35	194 761.51	249 672.86	9 654.64	3 954.54	13 609.18
2012	210 307.00	153 313.90	60 561.99	225 749.60	286 311.59	9 837.94	5 812.37	15 650.31
2013	242 842.80	170 330.40	58 712.94	248 256.47	306 969.41	18 163.34	7 190.51	25 353.85
2014	262 394.10	188 353.40	64 396.92	277 062.83	341 459.75	18 005.87	5 932.79	23 938.66

数据来源:根据国家统计局和中国人民银行公布的数据整理和计算得到。

2.3.2 具体分析

由于我国消费信贷发展的时间较短，年度数据较少，同时受公开发布的统计资料的限制，可利用的月度数据不完整，这导致用作计量经济分析的样本过小，无法进行单位根检验和协整检验，只能直接进行回归分析。这样做虽然会在一定程度上影响分析结论的说服力，但在这里，回归分析毕竟只是用来进一步验证前面的分析结论，就所要说明的问题而言，基本能够满足要求了。

（1）消费信贷对社会消费品零售总额的影响分析

社会消费品零售总额中不包括住房、汽车等的销售额，因而影响其变动的除了消费者的收入水平外，主要就是短期消费信贷。如果回归分析结果表明短期消费信贷对社会消费品零售总额的影响很小或者影响不显著，那么基本上就能说明短期消费信贷也存在对日常消费的挤出效应。考虑到城镇居民和农村居民对日常消费品的消费需求差别不大，所以这里选择城乡居民收入总额和短期消费信贷的增加额作为解释变量，建立如下回归模型：

$$RC = \beta_0 + \beta_1 TY + \beta_2 SL + \varepsilon$$

根据表 2-5 中的相关数据，通过 Eviews 分析软件的计算，可得到如下回归分析结果：

$$RC = -5\,988.168 + 0.746\,835 TY + 0.194\,428 SL$$
$$(-2.434\,408) \quad (26.648\,19) \quad (1.758\,895)$$
$$R^2 = 0.998\,063 \quad \bar{R}^2 = 0.997\,787 \quad F = 3\,607.729$$

其中，括号内的数值为 t 检验值（以下同）。从上述回归分析结果来看，和检验值都很高，均通过显著性检验，说明模型拟合得较好。但是，在进行单个解释变量的显著性检验时，短期消费信贷的 t 检验值过低（对应的 P 值高达 0.100 4），因而无法通过显著性检验。由此可以判断，与收入相比，短期消费信贷的增量对社会消费品零售总额的影响是不显著的。依据常规，短期消费信贷的增量理应对社会消费品零售总额有显著的正面影响，但分析结果却一反常态。这一反常的结果表明，消费者为了满足日常生活中额度较大的信贷消费，很可能压缩了其他的非信贷消费，从而在很大程度上抵消了短期消费信贷对日常消费的刺激效应。

（2）消费信贷对消费者的消费支出总额的影响分析

在前面的分析中，尽管已经根据短期消费信贷增量变化对社会消费品零售总额的影响不显著这一事实，在一定程度上找到了短期消费信贷对居民日常消费存在挤出效应的证据，但是，在我国消费信贷结构中，中长期消费信贷占绝大比重的事实表明，通过信贷方式满足的消费需求中，有很大一部分是没有纳入社会消费品零售总额的统计范围的住房、汽车等大额消费品，这可以在一定程度上对"消费信贷挤出消费"的"指控"起到"辩护"作用。因此，更有力的证据还需通过居民消费支出总额（该指标的变动既受消费者收入水平和短期消费信贷增量的影响，还受中长期消费增量的影响）对居民收入水平和消费信贷总额的增量的回归分析得到。考虑到目前通过消费信贷（尤其是中长期消费信贷）方式满足消费需求的主要是城镇居民，所以这里以城镇居民的消费支出总额作为被解释变量，以城镇居民可支配收入总额和消费信贷总额的增量作为解释变量，建立如下回归模型：

$$TC = \beta_0 + \beta_1 UY + \beta_2 TL + \varepsilon$$

根据表 2-5 中的相关数据，通过 Eviews 分析软件的计算，可得到如下回归分析结果：

$$TC = 5\,858.996 + 0.654\,187UY + 0.086\,694TL$$
$$\quad\quad (12.732\,50)\quad (83.483\,15)\quad\quad (1.170\,109)$$
$$R^2 = 0.999\,680 \quad \bar{R}^2 = 0.999\,634 \quad F = 21\,856.92$$

从这一结果中可以看出，和检验值都很高，均通过显著性检验，说明模型拟合得较好。但是，在进行单个解释变量的显著性检验时，消费信贷增量的 t 检验值过低（对应的 P 值高达 0.261 5），无法通过显著性检验。由此可以判断，与城镇居民的可支配收入总额相比，消费信贷对城镇居民消费支出总额的影响是不显著的。根据目前的统计口径，消费信贷的所有使用领域都在居民消费支出的统计范围之内，因此，消费信贷的增加额对居民消费支出总额的变化应该有比较显著的影响，可回归分析的结果却是影响不显著，这只能表明消费信贷在刺激"此消费"时，挤出了"彼消费"，从而使其对消费的刺激效应在很大程度上被抵消掉了。其实，即使通过显著性检验，也改变不了这一结论。从上述回归结果中可以看出，如果通过了显著性检验，则表明消费信贷每增加1元，所能刺激的消费也只有 0.09 元左右。按照目前的规定，消费信贷额度占消费品价款的比例通常掌握在 70% 左右（即首付比例为 30% 左右），据此计算，每 1 元消费信贷所能拉动的消费应该在 1.40 元左右（$1 \div 0.7 \approx 1.4286$），如果再考虑到消费者的流动性约束被消费信贷突破后所增加的消费，每 1 元消费信贷所能拉动的消费还应该高于这一数值，可回归分析的结果却与该数值相差甚远，况且，还无法通过显著性检验。

2.3.3 对计量经济分析的总结

上述分析表明，消费信贷无论是对社会消费品零售总额，还是对消费者的消费支出总额，都存在明显的挤出效应。虽然因样本过小，可能在一定程度上对挤出效应的严重性有所夸大，但是，这里的回归分析毕竟是在前面的一般分析已经得出基本结论的基础上进行的，就进一步验证一般分析的结论而言，这样的结果已经具有足够的说服力了。

在这里，还要再次强调，消费信贷的消费挤出效应是客观存在的，只是在不同的时间和空间中严重程度不同而已。与消费信贷业务比较成熟的国家相比，我国消费信贷对消费的挤出效应是非常严重的。林晓楠（2006）把 1990—2004 年的美国年度个人消费总额对年度国民收入和年度消费信贷增加额作了回归分析。从回归结果来看，无论是模型本身还是各个解释变量，都通过了显著性检验，而且从回归系数来看，消费信贷业务的开展还能对居民消费在一定程度上产生放大效应：每增加 1 美元的消费信贷，能够带动 1.12 美元的居民消费。① 虽然可能也存在一定的挤出效应（如果贷款比例也掌握在 70% 左右，在没有刺激效应的情况下，拉动的消费应该达到 1.4 美元左右），但这种挤出效应显然已经是很轻微的了，至少消费信贷在刺激消费问题上没有"得不偿失"。从与美国的消费信贷效应的对比中，可以更清楚地看出消费信贷对消费的挤出效应在我国的严重程度。

---

① 林晓楠. 消费信贷对消费需求的影响效应分析 [J]. 财贸经济，2006 (11).

3 挤出效应的形成机理

前面的分析已表明，在我国，消费信贷对消费的挤出效应是客观存在的，而且比较严重。从表面上看，导致消费信贷挤出消费的原因分为直接和间接两个方面。前者源于积累首付款和还本付息的压力；后者源于消费信贷对投资信贷的替代而造成的消费者收入相对减少。但是，要真正理解消费信贷挤出消费的本质原因及其影响因素，则还需探析其形成机理，这就是本部分所要研究的内容。

3.1 消费信贷对消费的直接挤出效应的形成机理

就对消费的刺激效应而言，消费信贷之所以能发挥这一功能，是因为其固有的跨期平滑消费的功能削弱了消费者的储蓄动机。理论界人士很多持这样的观点：消费信贷可以把消费函数中的收入，从当期收入转化为持久性收入或终生收入，从而弱化消费者的流动性约束和储蓄动机，对当前消费产生倍加的扩张作用。其中，对消费者流动性约束的弱化体现为消费信贷对消费的直接拉动效应，对消费者预防性储蓄动机的弱化表现为消费信贷对消费的诱导效应，这就是消费信贷对消费的直接刺激效应的两大组成部分。消费信贷对消费产生的倍加的扩张作用正是源于消费信贷对消费的诱导效应。就单笔消费信贷而言，其对消费所产生的扩张效应的倍数至少应为 $\frac{1}{1-t}$，其中，$t \in (0, 1)$，为贷款占信贷消费品价款的比例。由此可以看出，消费信贷对消费的直接刺激效应中的很大一部分是通过消费信贷的诱导，使消费者的储蓄动机弱化而实现的，这是形成消费信贷对消费的直接刺激效应的基本条件之一。与此相对应，消费信贷对消费的直接挤出效应必然来源于消费信贷对消费者储蓄动机的强化。因此，如果消费者在消费信贷的诱导下，一种储蓄动机被削弱，同时另一种储蓄动机被强化，那么，消费信贷对消费的直接挤出效应就形成了。事实上，消费者为积累首付款和还本付息的资金而在一定程度上"节衣缩食"，正是消费信贷诱导消费者增强储蓄动机的具体表现。基于这样分析，要深入探析消费信贷对消费的直接挤出效应的形成机理，就必须在正确理解储蓄与消费的关系的基础上，深析消费信贷对储蓄行为和储蓄动机的影响，以此来得出相应的分析结论。

3.1.1　储蓄与消费的关系

为正确理解储蓄与消费之间的关系，有必要对这里所说的储蓄的外延作一个简单的界定。从储蓄的外延来看，有广义储蓄和狭义储蓄之分。前者既包括货币储蓄，也包括实物储蓄和各种投资行为；后者则仅指以银行储蓄存款方式表现出来的储蓄。就本书所要研究的问题而言，这里所说的储蓄既不是狭义的储蓄，也不是完全意义上的广义储蓄，而是介于狭义储蓄和广义储蓄之间的一个范畴。如果从货币层次划分的角度来看，那么，这里所说的储蓄则隶属于 M3，即是以手持现金、银行储蓄存款、短期银行理财产品、短期信托产品、金融债券、可转让大额定期存款，以及其他短期证券投资等方式表现出来的储蓄。

（1）两类不同性质的储蓄

这些储蓄可以依据不同的标准对其进行不同的分类，按期限长短可分为中长期储蓄和短期储蓄；按期限是否固定可分为定期储蓄和活期储蓄；按储蓄方式可分为货币储蓄和其他金融资产储蓄；按储蓄的动机可分为预防性储蓄和目标储蓄。而与这里所要研究的问题密切相关的，则是最后一种分类方法，即按动机进行的分类。

　　预防性储蓄是指为应对未来的不确定性而进行的储蓄。储蓄行为是货币需求行为的一种表现，按照凯恩斯（1931）在其著作《就业、利息和货币通论》中所提出的观点，消费者的货币需求动机有交易动机、预防动机和投机动机三种，从这一意义上理解，则预防性储蓄正是消费者的预防性货币需求动机在储蓄行为上的体现。凯恩斯认为，预防性货币需求与人们的收入水平正相关。据此，可以推断出预防性储蓄动机的强弱也与居民的收入水平正相关。但是，这绝不意味着收入水平是影响预防性储蓄动机的唯一因素，更不能狭义地理解为消费者收入水平越高，预防性储蓄就越多。因为除了收入水平外，预防性货币需求的动机还受其他一系列因素的影响，其中未来收入和支出的不确定性对消费者预防性货币需求动机的影响极其重大。凯恩斯是在假定其他因素（包括影响未来不确定性的因素）不变的情况下，提出预防性货币需求与收入正相关这一观点的。基于此，在以预防性货币需求为纵轴，消费者的收入水平为横轴的坐标系中，消费者的预防性货币需求表现为一条向右上方倾斜的曲线，而影响未来不确定性的各因素变化所产生的影响，则表现为预防性货币需求曲线的上下平移。相应地，在以预防性储蓄为纵轴，以消费者收入水平为横轴的坐标系中，预防性储蓄曲线也表现为一条向右上方倾斜的曲线，而影响未来不确定性的各因素变化所产生的影响也表现为预防性储蓄曲线的上下平移（如图3-1所示）。

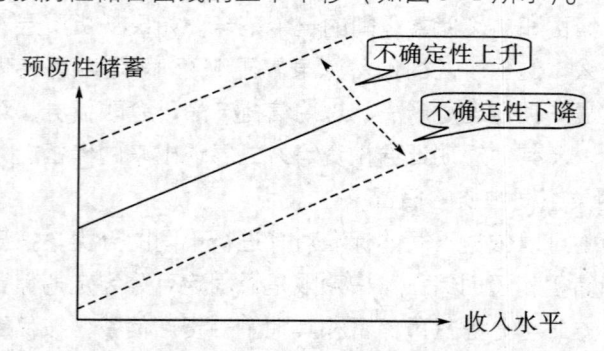

图3-1　收入水平、不确定性与预防性储蓄的关系

3 挤出效应的形成机理

从图 3-1 中可以清楚地看出,在消费者的收入水平既定的情况下,消费者的预防性储蓄动机将随着未来不确定性的上升或下降而相应地上升或下降。换句话说,预防性储蓄动机与消费者面临的不确定性正相关。如果对图 3-1 略作变动,把横轴改为消费者面临的不确定性,使不确定性对预防性储蓄的影响表现为预防性储蓄水平在曲线上的滑动,收入水平的变动对预防性储蓄所产生的影响表现为曲线的平移,则不确定性与预防性储蓄动机之间的正相关关系将表现得更为清晰(如图 3-2 所示)。

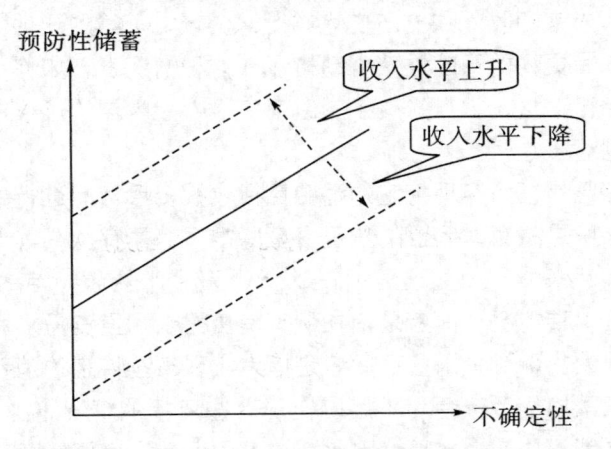

图 3-2 收入水平、不确定性与预防性储蓄的关系

随着世界经济一体化程度的进一步加深,经济活动中"牵一发而动全身"的现象将更为普遍,在世界经济领域任何一个角落中发生的细微事件,都可能在"蝴蝶效应"[①]的作用下,对整个世界经济发展产生重

---

① 蝴蝶效应(The Butterfly Effect),又称拓扑学连锁反应,是指在一个动力系统中,初始条件下微小的变化能带动整个系统长期的巨大的连锁反应,这是混沌现象的一种表现形式。"蝴蝶效应"之说源自美国气象学家爱德华·罗伦兹(Edward N. Lorenz)在解释混沌学时的一个形象的比喻,即"一只南美洲亚马逊河流域热带雨林中的蝴蝶,偶尔扇动几下翅膀,可以在两周以后引起美国德克萨斯州的一场龙卷风。"其原因就是蝴蝶扇动翅膀的运动,导致其身边的空气系统发生变化,并产生微弱的气流,而微弱的气流的产生又会引起四周空气或其他系统产生相应的变化,由此引起一个连锁反应,最终导致其他系统的极大变化。在经济学中,蝴蝶效应的引申意义是指经济的某个领域或者某个环节中偶然发生的细小的事件,可能会在经过一系列的传导和"发酵"以后,引起部分甚至整个经济系统的巨大震荡。

大影响。从这一意义上说，人们所面临的经济领域的不确定性将随着世界经济一体化程度的加深而进一步上升。而对于我国的消费者而言，面临的不确定性则更大。这是因为，从外部来看，融入世界经济体系后，在世界经济的风云变幻中，我国消费者很难"独善其身"；从内部来看，我国经济体制和经济运行方式仍处于进一步变革的过程中，各种利益格局的调整远未到位，而"摸着石头过河"的变革思路又使得利益格局调整趋势的透明度严重不足，加之社会保障体系不健全，使我国消费者很难对未来的收入和支出变化作出一个较为可靠的预期。因此，我国的消费者有更强的预防性储蓄动机。在这种情况下，如何削弱消费者的预防性储蓄动机，就自然成了刺激消费、扩大内需的过程中必须重点解决的问题。

目标储蓄是指为实现特定的消费目标或投资目标而进行的储蓄。通常认为，储蓄是将暂时闲置的货币资金以银行储蓄存款或其他金融资产的方式储存起来的行为。这里所说的货币资金"闲置"包括绝对闲置和相对闲置两种情况。前者是指在所有消费需求和投资需求均已得到满足以后出现的货币资金闲置；后者是指为实现某些特定的消费目标或投资目标而积累的货币资金尚不足以实现这些目标的情况下形成的闲置，这正是目标储蓄的产生原因。因此，从本质上看，目标储蓄不是货币资金多余的结果，而恰恰是货币资金不足的表现形式。

目标储蓄产生的前提是消费者心中有明确的消费或投资目标，而这种目标能否在消费者心目中得到确立，又取决于消费者在现行约束条件下实现该目标的可能性。如果在现行约束条件下，消费者具备实现这种目标的可能性，则该目标就能在消费者心目中确立，相应的目标储蓄行为就会产生；反之，如果在现行约束条件下，消费者不具备实现这种消费目标或投资目标的可能性，则该目标就不可能在消费者心目中确立，相应的目标储蓄行为也就不会发生（例如，一个普通的农民是不可能把一线城市中的豪华别墅作为自己的消费目标的，也不会为实现这一目标而储蓄），在这种情况下，消费者的储蓄行为就表现为单一的预防性储蓄行为。

在经济生活中，影响消费者实现某些消费目标或投资目标的可能性的因素在不断地发生变化,消费者的消费目标或投资目标也会随着这些因素的变化而得到强化或者削弱甚至消失,而另外一些消费目标或投资目标则可能得到确立。相应地,消费者的目标储蓄动机和行为也处于动态变化的过程中,随着实现相关消费目标或投资目标的可能性的变化而被强化或削弱甚至消失,而旨在实现新的消费目标或投资目标的目标储蓄行为则不断地产生。随着消费环境的不断改善,原先不可能实现的消费目标或投资目标,将逐渐变得可能,而且,人们的欲望通常是无限的,当原先的消费目标或投资目标实现后,又会产生新的目标,这使消费者的目标储蓄行为和动机在总体上处于一个不断被强化的过程中。在这种情况下,如何正确处理消费者的目标储蓄动机与消费之间的关系,同样也是在刺激消费、扩大内需的过程中必须解决的问题。只是在这一过程中,刺激消费的着眼点被放在了削弱消费者的预防性储蓄动机上,因而这一问题被忽视了。

(2) 储蓄对消费的影响

储蓄对消费的影响通常表现为两种效应:一是储蓄对消费的替代效应;二是储蓄对消费的收入效应。

储蓄对消费的替代效应是指在消费者收入水平一定的情况下,消费随着储蓄的上升而下降,反之亦然。这一效应从广义储蓄的角度来看非常直观,在消费者收入不变时,储蓄与消费之间必然呈现出此增彼减的关系,且增减的额度相同,这是因为消费者对自身所取得的收入的处置方式只有广义储蓄和消费两种。但如果从本书中界定的储蓄范畴来看,则情况较为复杂。只有在没有纳入本书所界定的储蓄范畴的各种投资保持不变的情况下,储蓄与消费之间才会有完全的替代关系,否则,就有可能仅是部分替代。

储蓄对消费的收入效应是指,由于消费者的收入(包括实际收入和预期收入)水平随着储蓄的增加而提高,从而在既定的消费倾向下使消费水平上升的效应。在这里,消费者增加的收入来源于两个方面:一是储蓄利息收入;二是储蓄转化为投资后,导致产出增加而使消费者相应地增加的收入。

Squeezing Effects of Consumer Credit on Consumption
消费信贷的消费挤出效应研究

替代效应和收入效应是两种方向相反的效应，储蓄对消费的最终影响是这两种效应相抵以后的结果。那么，这两种效应何者为大呢？换句话说，消费究竟是随着储蓄的增长而增长，还是随着储蓄的增长而减少呢？要正确回答这一问题，必须区分"长期"和"短期"这两种不同情况。从短期来看，消费者得到的利息收入只占本金的极小比例，因储蓄转化为投资后导致产出增加而使消费者相应地增加的收入也很有限，再加上边际储蓄倾向对收入产生的"分流"作用，以及收入变化对消费的影响的滞后性，收入效应是不可能弥补替代效应的。因此，在短期内，储蓄对消费的最终影响必然表现为消费随着储蓄的增加而减少。但从长期来看，由于利息收入的日积月累，再加上储蓄转化为投资后导致的 GDP 增长使消费者的收入相应增加，以及收入对消费的滞后效应逐步显现，即使有边际储蓄倾向对消费者收入的"分流"，储蓄对消费产生的收入效应也很有可能会超过替代效应，从而使消费随着储蓄的增长而增长。

既然这样，那么到底应该站在哪个"角度"来看待储蓄对消费的影响呢？是站在"短期"的"角度"得出"储蓄对消费有着负面影响"这一确定无疑的结论，还是站在"长期"的角度得出"储蓄对消费有着正面影响"这一"莫须有"的结论呢？这就必须结合本书所要研究的内容来回答了。本书所要研究的内容是消费信贷对消费的挤出效应，挤出效应是相对于消费信贷对消费的刺激效应而言的，从本质上看，本书是在一个特定的视角下"透析"消费信贷的功能。消费信贷的基本功能是刺激即期消费，即通过突破或削弱消费者的流动性约束，帮助消费者"用明天的钱"来"圆今天的梦"。从中可以看出，消费信贷功能发挥的过程有着明显的"短期行为"色彩。因此，围绕本书的研究目的，并结合消费信贷的这一功能特征，在看待储蓄对消费的影响时，必须立足于"短期"，即把着眼点放在储蓄对消费的负面影响上。在这一前提下，就不难理解，当储蓄动机和行为被遏制或削弱时，即期消费就会上升；反之，当储蓄动机和行为得到强化时，即期消费就会下降。因此，在刺激消费、扩大内需的过程中，如何有效地遏制或削弱消费者的储蓄动机和储蓄行为就成为了关注的重点。

3.1.2 消费信贷对储蓄行为和储蓄动机的影响

既然在短期内储蓄的变化对消费有着负面影响，也就是即期消费会随着当期储蓄的增长而下降，那么，如何有效地遏制和削弱消费者的储蓄动机和储蓄行为，就成了有效刺激即期消费的关键，消费信贷刺激消费的着力点亦正在于此。如果把消费信贷看作刺激消费的政策手段，把即期消费的上升看作消费信贷政策的最终目标，那么，消费者的储蓄水平就成了典型的中介目标，正如货币政策的中介目标一样，消费者的储蓄水平这一中介目标同样具有可测性、可控性和与最终目标的相关性特点（由于这一问题已超出本书研究的范围，所以在此不赘述）。

一般地说，由于不确定性的存在，使居民不得不推迟某些现期消费，因为居民的预防性动机使其不能动用储蓄来增加现期支出，否则未来的消费难以得到保证（齐天翔，李文华，1998）[1]。在存在信贷约束（Borrowing Constraint）的情况下，居民的这种预防性动机得到了强化。从理论上讲，"恒久收入—生命周期"理论假设个人能够在有能力按期还本付息的基础上，以同样的利率水平借入和储蓄，但事实上，居民的各种借款都是在高于储蓄利率的情况下获得的，并且在额度上还不能达到自己所希望的量，同时，还有很多人因条件限制而借不到款，这就是所谓的"信贷约束"[2]。信贷约束有一个影子价格[3]，所起的作用类似于

---

[1] 齐天翔，李文华. 货币化进程中的居民储蓄增长分析 [J]. 金融研究，1998（11）.
[2] 齐天翔，李文华. 货币化进程中的居民储蓄增长分析 [J]. 金融研究，1998（11）.
[3] 所谓"影子价格"，就是指某项有限资源，在某一特定的经济环境中变动一个单位的边际价值。在线性规划问题中，对于任何一个极大问题，都有一个极小问题与之相对应；反之亦然。其中，一个问题称为原问题，与之对应的另一个问题就称为对偶问题，两者包含着完全相同的数据，相互之间有着密切的关系，这就是线性规划的对偶理论。在对偶理论中，对偶问题的经济解释就是"影子价格"，其实质就是某项资源在某一特定的经济结构中，利用最优规划原理所确定的边际价值。

利率。信贷约束的增强，类似于利率水平的提高；反之，则类似于利率水平的下降。通常，当消费者现有资源较少，同时面对较高的利率时，就可能不选择借贷方式来平滑当期的消费，那么，就只能降低消费水平了。因此，信贷约束会刺激消费者增加储蓄，以确保在未来收入下降时，消费水平不下降。长期以来，对我国消费者而言，信贷约束和不确定性是一直存在的，这使消费者长期处于高储蓄、低负债甚至零负债的状态中。从本质上看，由于信贷约束的存在，消费者在面对未来的不确定性时，只能将个人储蓄作为一种特殊的"保险"手段，以此来化解未来收入下降或支出增加给个人或家庭生活造成的不利影响。如果信贷约束被解除或削弱，消费者就可能通过减少储蓄来增加当期的消费，而当未来出现预期之外的收入减少或支出增加时，可通过借贷方式来解决问题。由此可以看出，作为缓解消费者信贷约束的重要手段，大力发展消费信贷业务显然是削弱和遏制消费者的储蓄动机和储蓄行为的一项非常有效的措施。

但是，上述分析存在一个重大缺陷，那就是仅仅立足于不确定条件下消费者的预防性动机，分析的只是消费信贷对预防性储蓄动机和行为的影响；相应地，得出的结论也只能适用于预防性储蓄，对消费者的目标储蓄动机和行为的影响还需另行分析。本书在论述两类不同性质的储蓄时已经提到，消费者的目标储蓄行为是否发生，取决于消费者心目中是否已确立相应的消费目标或投资目标，而这又受制于实现这些消费目标或投资目标的可能性。应该说，影响这种可能性的因素有很多，消费者面临的流动性约束（信贷约束是其主要表现形式）无疑是其中重要的一部分。随着消费信贷业务的迅速发展，消费者面临的流动性约束将会在很大程度上被突破，这就使消费者实现某些消费目标或投资目标的可能性大大增强，这些目标就会从潜在状态转化为现实状态，在消费者心目中得以确立，消费者的目标储蓄行为也会因此而得以强化。因此，如果立足于消费者的目标储蓄动机来分析，则必然会得出与立足消费者的预防性动机而作的分析截然相反的结论。

综合前述分析，消费信贷对消费者的储蓄动机和行为的影响其实是一柄"双刃剑",在削弱和遏制消费者的储蓄动机和行为的同时,也在另一个方面强化着这种动机和行为。

3.1.3 消费信贷对消费的直接挤出效应的形成

消费信贷业务的开展强化了消费者的目标储蓄动机,会使消费者在适当减少预防性储蓄的同时,增加目标储蓄,而目标储蓄的增加,无疑会在消费者收入水平既定的情况下,使消费减少,这就形成了消费信贷对消费的直接挤出效应。

依据形成原因,消费信贷对消费的直接挤出效应可分为首付款积累效应和本息偿还效应,这在本书的第一部分中已经作了相应的分析;依据结果,可把消费信贷对消费的直接挤出效应分为绝对挤出效应和相对挤出效应两类。

在消费者收入水平既定的情况下,如果消费者目标储蓄的增加额没有超过预防性储蓄的减少额,则表明储蓄总额随着消费信贷的增加而减少,消费信贷刺激消费的功能得到了比较充分地发挥;反之,如果目标储蓄的增加额超过了预防性储蓄的减少额,则表明储蓄总额随着消费信贷的增加而增加,消费信贷刺激消费的功能发生了严重的"漏损",由消费信贷而启动的消费额低于消费信贷本身的额度,这就是消费信贷对消费的绝对挤出。在出现消费信贷绝对挤出消费的情况下,虽然消费仍然会随着消费信贷的增加而增加,但增加额度只能在消费信贷自身的额度之内,消费信贷不仅丧失了对消费的诱导效应,甚至自身的"本能"也受到了"侵蚀"。

消费信贷对消费的相对挤出的含义是指,由于消费信贷对消费者目标储蓄的强化作用,使消费者本应用于消费的货币资金转化成了目标储蓄,以致削弱了对消费的刺激作用,但目标储蓄的增加额小于在消费信贷的"诱导"下预防性储蓄的减少额。在这种情况下,虽然因消费信贷的刺激而增加的消费额会超过消费信贷本身的额度,消费信贷的"本能"得到了保护并发挥了自身的功能，但是这种功能的发挥是不充分的。

在我国现实经济条件下，至少有两大原因会强化消费信贷对消费的直接挤出效应。这两大原因是：①在透明度并不高的体制改革和利益格局调整尚未到位的情况下，面对巨大的不确定性和尚不健全的社会保障体系，以及自身在养老、医疗、职业安全感和子女教育等方面的巨大压力，消费者不大可能在预防性储蓄方面对即期消费作出太大的"让步"；②在把消费信贷作为刺激消费、扩大内需的"灵丹妙药"而加以大力推崇的情况下，各种政策诱导和宣传攻势极易使消费者不顾自身的储蓄能力，缩短积累首付款的期限，通过"挤压"非信贷消费的方式，使每期为积累首付款而增加的目标储蓄额超过因消费信贷导致流动性约束的缓解而减少的预防性储蓄额。同时，"有多少钱办多少事"传统消费观念和不够成熟的负债消费观念的冲突，又会使消费者尽可能把贷款期限缩短，并通过挤压非信贷消费的方式，来满足因此而增加的每期还本息的资金需求。

3.2 消费信贷对消费的间接挤出效应的形成机理

与直接挤出效应不同，消费信贷对消费的间接挤出效应是通过挤压投资信贷，并进而借助于 GDP 的传导而产生的。因此，要正确理解消费信贷对消费的间接挤出效应的形成机理，必须首先明确消费信贷与投资信贷之间的关系，以及消费信贷和投资信贷对居民收入的影响，在此基础上，才能对消费信贷间接挤出消费的机理作出探析。

3.2.1　消费信贷与投资信贷之间的关系

从表面上看，消费信贷和投资信贷只是依据贷款投放的领域对其所作的分类而已。消费信贷用于满足借款人的消费活动；投资信贷用于满足借款人的投资活动，从这一意义上看，两者之间的关系是非常清晰的，似乎两者之间能够做到"各人自扫门前雪"且"井水不犯河水"。但是，如果单纯且孤立地从这一视角来看待两者之间的关系，则未免过于浅显了些。因为经济现象之间有着普遍联系，表面上"风马牛"不相及的现象之间尚且有着很多不为人所察觉的关联关系（"蝴蝶效应"所指的就是这种情况），何况"血缘关系"那么亲近的消费信贷和投资信贷呢？所以，要对消费信贷和投资信贷之间的关系做出客观全面的理解，还必须把它们置于整个市场环境中，从不同的视角来分析两者之间的关系。

首先，从消费品的供给与需求来看，两者之间存在明显的互补关系。投资信贷的增加无疑有助于投资规模的扩大，并使产出增加，从长远来看，消费品的供给也会因此而增加；消费信贷的增加无疑有助于消费需求的扩大。如果仅有消费品供给的增加，却没有相应的消费需求的增加，那么，投资就无法向最终消费转化，整个经济的运行也将变得低效甚至无效；同样的道理，如果仅有消费需求的上升，却无相应的消费品的供给增加，则需求过旺、供给不足的局面就会出现，通货膨胀也就难以避免。自我国在20世纪90年代后期告别短缺经济时代以来，需求不足一直是制约我国经济发展的重要因素，这里所说的需求既包括消费需求，也包括投资需求，两者可以合称为"内需"，而这两种需求之间又存在互补关系。因此，合理搭配消费信贷和投资信贷之间的"组合"，不仅是有效刺激内需的必有举措，也是减少消费信贷在刺激消费的过程中效应"漏损"的必然要求。

其次，从资源的有限性来看，消费信贷与投资信贷之间的替代关系

Squeezing Effects of Consumer Credit on Consumption
消费信贷的消费挤出效应研究

很明显。资源是有限的，而需求往往是无限的，有限的资源满足了此需求，必然会降低对彼需求的满足程度。无论是消费信贷还是投资信贷，两者都处在可供的信贷资金总额的约束下，消费信贷多了，投资信贷必然相对减少。即使商业银行处于严重的流动性过剩状态下，消费信贷和投资信贷之间的替代关系也是很明显的，因为商业银行不可能出于对利润最大化目标的追求而置风险于不顾，无原则地满足所有的信贷需求。

上述分析表明，维持消费信贷与投资信贷之间的合理"组合"是有效发挥信贷功能的必然要求，而信贷资源的有限性又使两者之间相互替代不可避免。因此，尽管有着保持两者合理"组合"的客观要求，具体在消费和投资这两个领域对有限的信贷资源作出配置时，却常常出现"不是东风压倒西风，就是西风压倒东风"的格局。那么，在具体的信贷活动中，到底是消费信贷挤出投资信贷，还是投资信贷挤出消费信贷呢？这主要取决于商业银行的行为取向。

在信息不对称的条件下，银行的信贷配给行为是不可避免的。所谓"信贷配给"，是指在既定的利率条件下，面对超额的资金需求，银行因无法或不愿提高利率，而采取一些非利率的贷款条件，使部分资金需求者退出银行借款市场，以消除超额需求而使市场达到平衡。[①] 在一定程度上说，无论是消费信贷对投资信贷的挤压，还是投资信贷对消费信贷的挤压，都是信贷配给的具体表现。信贷配给行为产生的主要原因是在信息不对称条件下，银行对信贷资金的安全性和效益性的担忧，银行通常会把有限的信贷资金配置到其对安全性和效益性较少担忧的经济领域。消费信贷在我国的快速发展得益于其抵押贷款的特性所导致的商业银行对信贷资金的安全性和效益性的较少担忧，而这一种信贷方式的迅

---

① 事实上，由于信息不对称，银行即使能够而且也愿意通过利率手段（即在确定每笔贷款的具体利率水平时加入风险溢价）使部分不合格的资金需求者退出借款市场，这种方法也不具备可操作性。在这种情况下，银行在确定贷款的利率水平时通常只能采取折衷的方法，其结果是导致合格借款人退出借款市场，虽然在表面上能够消除超额资金需求而使市场达到平衡，实际上却会导致市场的不断萎缩。

速崛起必然会损害原本就因抵押品不足而在融资方面处于劣势地位的中小企业的利益,这是目前在商业银行的行为取向下消费信贷挤出投资信贷的主要表现形式。根据《中华人民共和国商业银行法》(以下简称《商业银行法》)的规定,几乎所有贷款均被要求以抵押、质押或保证的形式发放,信用贷款所占的比重微不足道,再加上银行贷款的利率浮动幅度非常有限,中小企业的信用配给问题广泛存在(蔡浩仪,徐忠,2005)[①]。我国商业银行发放的消费贷款通常要求以不动产(如住房)或价值较高的实物(如汽车)作抵押,这不但符合《商业银行法》的要求,而且风险也较小。在这种情况下,我国的商业银行将大量的信贷资金从投资领域转向消费领域也就是顺理成章的事了,从而使中小企业的信用配给程度进一步加重。这一现状在表 3-1 和图 3-3 所示的近二十年来商业银行的消费信贷在信贷总额中所占的比重非常强劲的上升态势中,可见一斑。

表 3-1　　消费信贷规模及其在信贷总额中所占的比重

年份	信贷总额（亿元）	消费信贷总额（亿元）	消费信贷占信贷总额的比重(%)
1997	74 914.10	172	0.23
1998	86 524.10	732.74	0.85
1999	93 734.30	1 408.20	1.5
2000	99 371.07	4 279.70	4.3
2001	112 314.70	6 990.30	6.22
2002	131 293.93	10 669.20	8.13
2003	158 996.23	15 736.00	9.90
2004	177 363.49	19 882.00	11.21
2005	194 690.39	22 003.00	11.30
2006	225 285.28	24 047.70	10.67

[①] 蔡浩仪,徐忠. 消费信贷、信用分配与中国经济发展 [J]. 金融研究,2005 (9).

表3-1(续)

年份	信贷总额（亿元）	消费信贷总额（亿元）	消费信贷占信贷总额的比重（%）
2007	261 690.88	32 729.00	12.51
2008	303 394.65	37 210.29	12.26
2009	399 684.82	55 333.65	13.84
2010	479 195.55	75 063.64	15.66
2011	581 892.50	88 777.85	15.26
2012	629 909.64	104 357.17	16.57
2013	718 961.46	129 721.02	18.04
2014	816 770.01	153 659.68	18.81
2015	939 540.16	189 519.83	20.17

数据来源：信贷总额及消费信贷总额来自中国人民银行《金融机构人民币信贷收支表（按部门）》(1999—2015)、中国人民银行货币政策司《中国消费信贷发展报告》、中国人民银行货币政策分析小组《2006年中国区域金融运行报告》，以及每年的《货币政策执行报告》。消费信贷占信贷总额的比重系根据前述数据计算得到。

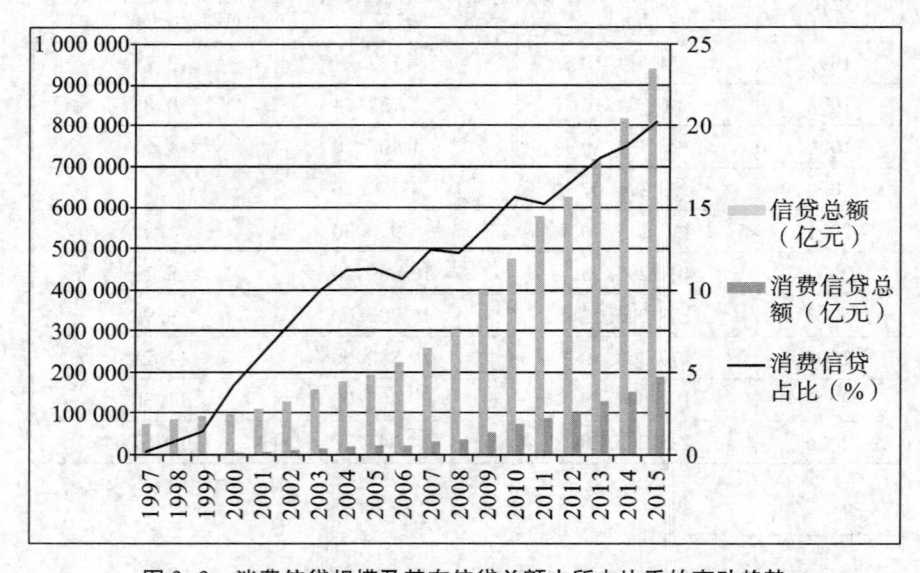

图3-3 消费信贷规模及其在信贷总额中所占比重的变动趋势

3.2.2 消费信贷、投资信贷与居民收入之间的关系

要理解消费信贷、投资信贷与居民收入之间的关系，首先必须明确消费、投资与国内生产总值（GDP）之间的关系。如果按支出法核算国内生产总值，那么国内生产总值的组成部分就有四个方面，分别是消费、政府支出、投资和净出口。其中，政府支出也可理解为政府消费，它与个人消费合称为消费。这样，国内生产总值的形成就可以表示为 $GDP = C + I + X$，其中，C 代表消费，包括个人消费和政府消费，I 代表投资（即资本形成），X 代表净出口，这就是通常所说的拉动国内经济增长的"三驾马车"。由此可见，直接作用于消费的消费信贷和直接作用于投资的投资信贷，是影响国内生产总值增减的重要因素。

国内生产总值的增减会通过以下传导过程影响消费者可支配收入的变化：①国内生产总值加上本国资产在国外的产出，再减去外国资产在国内的产出，得到国民生产总值（GNP）；②国民生产总值减去资本消耗提存与资本消耗调整额后，可得到国民生产净值（NNP）；③国民生产净值减去企业间接税和转移支付，加上政府企业当期盈余与政府津贴之差，可得到国民收入（NI）；④国民收入减去公司所得税和社会保险税以及企业未分配的利润，加上政府对个人的转移支付和政府对个人支付的利息净额，以及消费者支付的利息和企业的转移支付，并在调整存货估价和资本消耗后，可得到个人收入（PI）；⑤个人收入减去个人所得税后可得到个人可支配收入（DPI）。①

消费信贷和投资信贷对消费者可支配收入的影响，是通过具体的消费和投资活动（包括基础设施投资、固定资产投资和存货投资）传导的。在不考虑其功能的"漏损"的情况下，消费信贷和投资信贷的增加，会在自身的直接作用和"诱导"效应的作用下，使消费和资本形

---

① 宋承先. 现代西方经济学（宏观经济学）[M]. 上海：复旦大学出版社, 1997: 59.

成额（即实质性投资）发生相应地增加，这个增加额也同时反映为国内生产总值的增加，然后通过上述传导过程，在消费者的可支配收入上得到相应的反映。这就是消费信贷、投资信贷与居民收入之间的关系。

3.2.3 消费信贷对消费的间接挤出效应的形成

上述分析表明，无论是消费信贷还是投资信贷的增减，最终都会在消费者可支配收入的变化中得到相应的反应。通常，这种反应是正向的。如果商业银行在既定规模的信贷资源约束下，为了满足消费者的消费信贷需求而相应地压缩对投资信贷需求的满足，那么，投资信贷对消费者可支配收入增长的推动作用就被削弱了，从而在消费者既定的消费倾向下，消费水平就会相对下降。事实上，这就是对消费信贷的功能和作用的一种"抵扣"，消费信贷对消费的间接挤出效应就是这样形成的。

与直接挤出效应一样，消费信贷对消费的间接挤出效应，按其结果的具体表现，同样可分为绝对挤出和相对挤出两种情况。

绝对挤出是指消费信贷替代投资信贷后，消费者的可支配收入因投资信贷减少而减少的数额，超过了因消费信贷增加而增加的数额，消费者可支配收入的水平因消费信贷对投资信贷的替代而绝对减少，从而使既定消费倾向下的消费也绝对减少这样一种现象。

相对挤出则正好相反，是指消费信贷替代投资信贷后，消费者的可支配收入因投资信贷减少而减少的数额，小于因消费信贷增加而增加的数额，消费者可支配收入的水平因消费信贷对投资信贷的替代而相对减少，从而使既定消费倾向下的消费也相对下降这样一种经济现象。事实上，在发生相对挤出的情况下，消费者的可支配收入水平和既定消费倾向下的消费水平在总量上都会表现为上升。如果单纯考虑刺激消费的目的，那么，产生消费信贷对消费的相对的间接挤出效应对推动消费增长是有利的。

4 挤出效应的衡量

在明确了消费信贷对消费的直接挤出效应和间接挤出效应的形成机理后，接下来需要探讨的问题就是如何来正确测度挤出效应的大小，这就是对挤出效应的衡量问题。当然，衡量消费信贷对消费的挤出效应，不是，也不可能在任何时空条件下明确无误地回答消费信贷到底挤出了多少消费，因为在不同的时空中，影响挤出效应大小的因素及其影响程度在发生变化，在这里所能做到的只是根据经济现象之间的联系，从理论上推断出测度挤出效应大小的一般方法。至于在各种具体条件下，消费信贷对消费的挤出效应到底有多强这一问题，则可利用该方法，根据各经济变量的具体表现，通过计算以后作出回答。

4.1 消费信贷对消费的挤出效应的衡量标准的选择

正确衡量消费信贷对消费的挤出效应，是正确把握消费信贷的政策力度，合理发挥消费信贷功能的前提条件。而要正确衡量消费信贷对消费的挤出效应，科学地选择衡量标准则是首要条件。只有在科学选择衡量标准的基础上，才能得出判断直接挤出效应和间接挤出效应大小的基本方法。

4.1.1 衡量标准的多样性及其缺陷

在本书第二部分分析我国消费信贷对消费的挤出效应的现状时，笔者分别从一般分析和计量经济分析这两个层面，对消费信贷挤出消费的客观性及其严重性作了分析。在一般分析中，通过分析最终消费率、消费者的边际消费倾向、消费对经济增长的贡献率和拉动作用在消费信贷规模迅速扩张条件下的变动趋势，推断了消费信贷挤出消费的现状及其严重程度；在计量经济分析中，利用模型的回归系数及其显著性，判断了消费信贷对消费的实际刺激作用，并通过与理论上应有的刺激作用的对比，根据两者的差距并结合与美国的对比，对我国消费信贷挤出消费的程度作了判断和评价。从中可以看出，无论是居民的最终消费率、边际消费倾向或消费对经济增长的贡献率和拉动作用在消费信贷规模迅速上升的条件下的变化，还是消费信贷增加额对居民消费支出总额的回归系数，都可用以衡量消费信贷对消费的挤出效应的大小。因此，消费信贷对消费的挤出效应的衡量标准具有明显的多样性特征。但是，上述衡量标准都具有明显的缺陷。

首先，从居民的最终消费率、边际消费倾向和消费对经济增长的贡献率和拉动作用来看，这些指标变化的原因是多方面的，消费信贷的增减只是其中的一个原因，其对消费的挤出效应仅仅是其他原因不足以解释结果的部分，因而其对挤出效应的衡量作用是建立在逻辑推理的基础上的，且难以量化，在据以判断特定经济条件下消费信贷挤出消费的客观性和程度时，有一定的说服力，但若用以测度挤出效应的大小，就难免出现"力所不能及"的尴尬。

其次，从消费信贷的增加额对居民消费支出的回归系数来看，虽然它代表了消费信贷每增加1元，居民的消费支出相应的增加额，并可通过与理论上应增加的消费支出额的对比，来间接推算出消费信贷挤出消费的程度，把它作为衡量消费信贷的消费挤出效应的依据似乎很有说服力,但是,这个回归系数是根据过去的资料计算出来的,是一种典型的事后分析结果。消费信贷的运行环境随着宏观经济环境的变化在不断地发生相应的变化,利用过去的资料计算出来的回归系数能在多大程度上解释现实和未来的情况,本身就是值得怀疑的,何况未来还有大量的不确定性存在。因此,如果用消费信贷的增加额对居民消费支出总额的回归系数作为衡量消费信贷对消费的挤出效应的依据,那么,即使能在一定程度上得出能够接受的结果,这个结果的精确度和说服力都是难以令人信服的。

最后,更为重要的是,利用上述依据对消费信贷挤出消费的效应作出衡量的结果,人们只能被动地接受,这结果本身无法为人们调控挤出效应提供任何依据和着力点。开展消费信贷业务的目的是为了有效地调节消费,衡量消费信贷对消费的挤出效应的目的之一就是正确评价并有效调控消费信贷的效应。一个无法提供任何调控依据的结果,除了能作为判断现状的依据之外,显然是没有多大意义的。

上述分析表明,无论是居民的最终消费率、边际消费倾向以及消费对经济增长的贡献率和拉动作用的变化,还是消费信贷增量对居民消费支出总额的回归系数与理论上每1元消费信贷应拉动的消费额之间的差额,都难以作为衡量消费信贷对消费的挤出效应的有效标准。一个有效的衡量标准必须满足直接性、现实性以及能为人们调节和控制挤出效应提供相应依据的要求,这是寻找消费信贷对消费的挤出效应的衡量标准的基本出发点。

4.1.2 有效的衡量标准应具备的条件

消费信贷不是单纯用以刺激消费的手段,而是调节消费的手段,其最终目标是消费发生合意的增减,中介目标是储蓄的增减。关于这一点,在本书的第三部分,即消费信贷对消费的挤出效应的形成机理中,已经谈及,而在本书第六部分还将对此作详细的论述。基于这样的思考，那么，作为一个能对消费信贷的消费挤出效应作出有效衡量的标准，必须满足的直接性、现实性和为人们调节和控制挤出效应提供相应依据的要求，就必然在其自身应具备的条件中体现出来，这些条件就是可测性、可控性以及与消费信贷调控目标的相关性。只有具备这些条件的衡量标准，才有能力担当起正确测度消费信贷实际挤出消费的效应这一任务。其中，可测性是指该衡量标准应具有明确而合理的内涵和外延，能够收集到相应的资料，便于进行定性或定量分析；可控性是指货币当局、商业银行及政府的政策导向能直接或间接影响该衡量标准的构成因素，进而对该衡量标准自身指标值的变动进行一定程度地控制和调节，能有效地影响其变动状况和变动趋势；与消费信贷调控目标的相关性是指，该衡量标准与消费信贷的调控目标即消费的合意增减及消费结构的调整之间具有相关关系，通过对该衡量标准的指标值的控制和调节，就能直接或间接影响消费水平的增减和消费结构的改变。

在明确这些条件之后，剩下的工作就是如何寻找符合这些条件的衡量标准了，这就是接下来需要分析的问题。

4.1.3　衡量标准的具体选择

根据上述条件，在这里把消除时间差异以后被消费信贷实际挤出的消费额作为衡量消费信贷的消费挤出效应的标准，该标准的指标值越大，则说明消费信贷对消费的挤出效应越高，反之亦然。从这一意义上说，衡量标准的选择过程，实际上就是对消费信贷实际挤出的消费额度的计算过程。

这里所要解决的问题是，把这样一个指标作为消费信贷对消费的挤出效应的衡量标准是否具有可行性和合理性。事实上，可行性无非表现为该指标是否可测，合理性则表现为能否有效地指导消费信贷政策的实施，也就是能否满足可控性和与消费信贷政策调控目标的相关性要求。

首先，从可测性来看，后面的分析将表明，这一衡量标准的大小受制于贷款额度、消费贷款占信贷消费品价款的比例、消费者实际积累首付款的期限、消费者消费计划中用于购置信贷消费品的份额、消费者的消费倾向和收入水平、市场利率水平、贷款期限和贷款利率以及消费者收入水平占 GDP 的比例、信贷投资领域的资金利用效率等因素（详见本书 4.2 和 4.3 的分析）。在这些因素中，消费者实际积累首付款的期限虽然各不相同，但可以通过抽样调查方式对平均期限作出估算；消费者的消费倾向可以根据国家统计局公布的农村居民纯收入和城镇居民可支配收入及各自的消费支出总额计算得到；消费者的收入水平占 GDP 的比例可根据农村居民纯收入和城镇居民可支配收入以及当年的 GDP 计算得到；信贷投资领域的资金利用效率可以通过对比当期的产出增量和当期的信贷投资额得到；消费者消费计划中用于购置信贷消费品的份额实际上就是当期通过信贷方式实现的消费额占当期居民消费支出总额的比例。至于贷款额度、期限、比例和利率以及消费者的收入和市场利率水平，有的可以直接从中国人民银行和国家统计局公布的资料中得到，有的则可以通过简单的调查获取。掌握了这些资料，就可以对这一衡量标准的大小作出正确的测试。因此，这一衡量标准能够符合可测性条件。

其次，从可控性来看，在上述影响这一衡量标准的各项因素中，虽然有一部分因素是货币当局和商业银行以及政府相关部门没法控制的（如消费者的收入水平、产出增长与信贷投资增长的关系），但是，其他因素都是可以直接控制（如贷款额度、消费贷款占信贷消费品价款的比例、贷款期限和贷款利率）或加以引导（如消费者实际积累首付款的期限、消费者消费计划中用于购置信贷消费品的份额、消费者的消费倾向、市场利率水平、消费者收入水平占 GDP 的比例）的。这表明，这一衡量标准兼具内生变量和外生变量的特征，且外生变量特征较强。一般说来，当影响某一事物变动的多个因素中，有部分因素可控时，该事物本身就在一定程度上具备了可控性，对外生性特征较强的事物而言，可控性更强。因此，这一衡量标准同样能够符合可控性条件。

最后，从与消费信贷政策调控目标的相关性来看，消费信贷政策调控的目标是消费总量和结构的变化，合理运用消费信贷对消费的刺激效应和挤出效应是有效发挥消费信贷功能、实现调控目标的两个切入点和着力点，合理搭配并有效组合消费信贷对消费的这两种效应，不但能有异曲同工之妙，还能有殊途同归之功。要在利用消费信贷手段调控消费的过程中有效地发挥挤出效应的功能，就必须对挤出效应进行准确的测度，而把消除时间差异后消费信贷实际挤出的消费额作为衡量挤出效应大小的标准，显然能够满足实现调控目标的要求。因此，这一衡量标准与消费信贷政策的调控目标之间的关联性是毋庸置疑的。

综合上述分析，把消除时间差异后被消费信贷实际挤出的消费额作为衡量挤出效应大小的标准，不但具有可行性，而且具有合理性。

4.2 消费信贷对消费的直接挤出效应的衡量

在根据可测性、可控性和与消费信贷政策调控目标的相关性要求，把消除时间差异后被消费信贷实际挤出的消费额作为衡量挤出效应大小的标准之后，就可以在基本的假设前提下，从一般意义上对消费信贷直接挤出消费的实际效应进行具体地衡量了。在这里，衡量标准本身的特定内涵决定了衡量直接挤出效应大小的过程，事实上就是对被消费信贷直接挤出的消费额的计算过程。

4.2.1 分析的前提：基本假设及其依据

为了便于计算消费信贷对消费的直接挤出效应，同时也为后面的因素分析作准备，在这里先作如下假设：

假设之一：把整个经济中需要通过信贷方式来实现消费目标的消费者看成一个整体；相应地，把提供给不同借款人的消费性贷款也从整体上看成一笔贷款。作出这样的假设的主要目的在于消除因不同消费者的贷款期限、贷款金额和贷款的具体用途不同而给分析造成的困难。

　　假设之二：消费者在计划用信贷方式消费时，没有初始货币积累。即使有初始的货币积累，也只是表现为应对未来不确定性的最低的预防性储蓄，或者是为实现极其明确且不可动摇的消费目标的目标储蓄，不可能用于实现刚刚确立的信贷消费计划。因此，消费者为了满足贷款条件，还需要经历一个完整的货币（即首付款）积累过程。

　　假设之三：贷款每期偿还一次，并采用等额本息方式偿还，即每次偿还的本息之和相同，改变的只是还款额度中本金和利息各自所占的比重。从理论上看，偿还消费贷款的方式有多种，包括等额本息偿还法、等额本金偿还法、到期一次偿还本息法、分级还款法、双重指数还款法、反向年金还款法等。在我国，由于消费信贷市场并不成熟，贷款本息偿还方式也较少，常见的有等额本息偿还法和等额本金偿还法以及到期一次还本付息法，其中，等额本息偿还法使用频率最高。根据笔者对从江苏省无锡、扬州、盐城和徐州四个城市分类随机抽取的 400 笔住房和汽车消费贷款（其中住房消费信贷 360 笔，汽车消费信贷 40 笔。其他消费贷款没有抽取，主要是考虑到其他消费贷款的单笔额度较小，期限也短，根据本书 2.2.4 的分析，这类贷款对消费的挤出效应很小，因而与本书所要分析的问题关系不大）的分析，采取等额本息偿还方式的有 356 笔，占 89%；采取等额本金偿还方式的有 42 笔，占 10.5%；采用到期一次还本付息方式的有 2 笔，占 0.5%，均是额度相对较小，且期限为一年的汽车消费贷款。根据贷款偿还方式的这一现状，本书从方便计算的目的出发，对贷款偿还方式作出了这样的假设。

　　假设之四：消费者的信用能力是既定的，已借助于信贷方式实现消费目标的消费者所获得的消费贷款总额，已经在其信用能力范围之内达到了最大值，即在还清全部贷款本息之前不能获得新的贷款。这一假设与现实也是相符的，因为在我国的消费信贷业务中，住房按揭贷款和汽车贷款占有绝大比重，这些贷款的抵押物就是所购的住房和汽车。在设定抵押权后，除非还清贷款全部本息，否则抵押权不能解除；消费者也就不可能通过重复抵押的方式再次取得新的贷款，即使消费者通过提供其他抵押物来申请新的贷款，也会因其收入水平和偿还能力的限制而难以如愿。例外的情况主要出现在信用卡透支中，因为以信用卡透支方式获取消费信贷时，无需提供任何抵押物，但通过这种方式取得的消费信贷期限很短，且额度较小，对分析结果的影响甚微，因而可以忽略。作出这样的假设，意味着消费者不可能通过"借新还旧"的方式使自己一直有条件"寅吃卯粮"，因而在获取消费信贷后，在一定程度上不得不在既定的收入水平和储蓄倾向的约束下，通过挤出非信贷消费的方式来减轻还本付息的压力（现在被俗称为"房奴"和"车奴"甚至"卡奴"的人们，其实就处在这种状态之中）。

　　假设之五：消费者的消费倾向有随着消费者收入水平的上升而递减的趋势，但边际消费倾向和收入水平对消费综合作用的结果依然使消费总水平趋于上升。这一假设与我国的现实情况也是相符的，这可从消费者可支配收入逐年上升的过程中，消费支出总额也逐年上升这一事实中得到验证。

　　假设之六：在消费者计划用信贷方式实现消费目标至还清全部贷款的本息期间，除了旨在积累首付款和还本付息资金的目标储蓄以外，消费者将维持零储蓄状态或保留最低水平的预防性储蓄或目标及其明确且不可动摇的目标储蓄，这种储蓄水平的高低完全受制于消费者计划用信贷方式实现消费目标时的收入水平和储蓄倾向，也就是在这一期间，每期的储蓄额将保持一个基本不变的量。换句话说，消费者在该期间增加的收入将被全部用于满足消费需求。如果增加的收入被用于满足随着收入水平提高而新增加的消费需求，则原先被挤出的消费将不会因收入水平上升而减少；如果增加的收入被用于满足原先被挤出的消费，则本应随着收入水平上升而增加的消费将被挤出。这一假设表明，在消费者计划用信贷方式实现消费目标至还清全部贷款本息期间，被消费信贷挤出的消费的数量基本上不会因消费者收入水平的上升而减少，能减少挤出效应的只能是消费者在确立信贷消费计划时的收入基数。

4.2.2 具体的衡量方法

消费信贷对消费的直接挤出效应发生在消费者计划用信贷方式满足消费需求至还清全部贷款本金和利息的整个过程中。在取得贷款前，表现为因积累首付款而挤出消费；在取得贷款后，则表现为因偿还贷款本息而挤出消费。这两种挤出效应的形成机理相同，但因其对消费产生挤出的原因不同，在具体的衡量方法上也有所区别。

（1）在消费者实际得到信贷支持前每期的挤出效应

令 R 代表用信贷方式实现消费目标的消费者每期的收入；$k \in (0, 1)$，代表消费者的消费倾向，这一消费倾向有着随消费者收入水平上升而递减的趋势，即 $k = k(R)$，且 $k'(R) < 0$，这一消费倾向是消费者在维持必要的储蓄水平的基础上的最高消费倾向，也就是说，与之相对应的储蓄倾向所决定的储蓄水平是消费者应对未来不确定性的最低的预防性储蓄，或者是为实现极其明确且不可动摇的消费目标的目标储蓄（根据 4.2.1 中的假设之六，这一储蓄额在消费者确立信贷消费计划至还清全部贷款本息的期间内将保持基本不变）；$\alpha \in (0, 1)$，代表消费者的消费计划中信贷消费品占消费品总量的份额，相应地，$1 - \alpha$ 代表消费者的消费计划中用于购置非信贷消费品的份额；L 代表消费贷款额度；$n(\geq 1)$ 代表消费贷款的期限；$t \in (0, 1)$，代表消费贷款额度占信贷消费品价款的比例，相应地，$1 - t$ 代表消费者所需支付的首付款占信贷消费品价款的比例；$m(\geq 1)$ 代表消费者在刺激消费的政策诱导和宣传攻势下积累首付款的实际期限；$i(> 0)$ 代表消费贷款利率。

显然，消费者在自身收入水平和消费倾向的约束下，每期有支付能力的消费需求为 kR，其中能够满足信贷消费的有支付能力的需求为 αkR，能够满足非信贷消费的有支付能力的需求为 $(1 - \alpha)kR$。同时，为了满足获得消费贷款的条件，消费者需积累的货币资金（即首付款）

为 $\frac{L}{t} - L$。通常，这一笔首付款来源于消费者有支付能力的需求中能够满足信贷消费需求的部分，即 $\alpha k R$。消费者通常会根据自身的收入水平（R）、消费倾向（k）和消费计划中信贷消费品占消费品总量的份额（α），对积累首付款的年限作出合理的计划安排，根据这种安排，消费者积累首付款的合理年限 $m_0 = \frac{\frac{L}{t} - L}{\alpha k R}$。在这种情况下，由于积累首付款的资金来源仅限于消费者有支付能力的需求中用于满足信贷消费需求的部分（$\alpha k R$），因而不会对用于满足非信贷消费需求的部分（$1-\alpha$）kR 产生挤出效应。但是，在强有力的刺激消费的政策诱导和宣传攻势之下，情况就大不相同了。消费者的消费需求的实现需要经历一个从对某种消费品无需求意识的状态转到有潜在需求意识的状态，再从有潜在需求意识的状态转到有现实需求意识的状态，最后从有现实需求意识的状态转化为具体的购买行为的过程。消费信贷的出现，不仅能培养消费者的需求意识，更能通过缓解消费者的流动性约束，促使消费者从潜在需求状态中转入到现实需求状态之中，并加快从产生现实需求到实施具体的购买行为的进程。在这种情况下，面对刺激消费的强大的政策诱导和宣传攻势，消费者极易打破原来的计划安排，将积累首付款的年限缩短，使积累首付款的实际年限（m）小于合理年限（m_0）。这显然强化了消费者的目标储蓄动机，从而使为满足贷款条件而每期所需积累的货币资金超过消费者有支付能力的需求中能够用于满足信贷消费需求的部分（$\alpha k R$），导致消费者不得不通过压缩非信贷消费的方式来化解积累首付款的压力。基于这样的分析，可以得到在消费者计划用信贷方式实现消费目标至实际得到贷款期间，每期被挤出的非信贷消费额（s_b）的如下表达式：

$$s_b = \frac{\frac{L}{t} - L}{m} - \alpha k R \qquad (4-1)$$

（2）在消费者实际得到信贷支持后每期的挤出效应

根据假设之四，既然消费者在还清消费贷款的全部本息之前不能获得新的贷款，那么，消费者每期需偿还的贷款本息超过其有支付能力的需求中能够满足信贷消费需求部分的差额，将构成对非信贷消费的挤出。据此，可以得到在采用等额本息偿还方式的情况下，消费者获得贷款后每期被挤出的非信贷消费额度（s_a）的如下表达式：

$$s_a = L \times \frac{i(1+i)^n}{(1+i)^n - 1} - \alpha k R \tag{4-2}$$

其中，$L \times \dfrac{i(1+i)^n}{(1+i)^n - 1}$ 就是每期应偿还的本息额。从这一表达式中可以看出，如果偿还的本息额不超过消费者有支付能力的需求中用于满足信贷消费需求的部分（$\alpha k R$），那么，贷款后消费者就不会因为还本付息的压力而挤出非信贷消费，消费信贷对消费的挤出效应也就不会在贷后发生了。

站在消费者的角度上看，这一结果能否产生，主要取决于每期所需偿还的贷款本息额的大小。因为消费者有支付能力的需求中用于满足信贷消费需求的部分并非消费者个人所能决定，在它的各个构成因素中，收入水平在短期内不可能有明显的变化，即使在名义上有所增长，也还需剔除通货膨胀的影响，而且与实际收入水平增长相对应；消费领域也会有所扩大，最终能够用于偿还贷款本息的部分并不会有明显的增长；消费倾向则带有相对的稳定性；消费计划中用于购置信贷消费品的份额主要受制于消费信贷的普及率和覆盖面，非消费者能自主决定。

从消费者（即借款人）每期应偿还的贷款本息金额的计算公式，即 $L \times \dfrac{i(1+i)^n}{(1+i)^n - 1}$ 中可以看出，消费者每期所需偿还的贷款本息额的大小，取决于贷款额度（L）、贷款利率（i）和贷款期限（n），其中消费者能有一定的选择自由的只有贷款期限，因为贷款额度受制于所需购置的消费品的价款，贷款利率由贷款银行根据基准利率和规定的幅度浮动。

现在令 $Q = L \times \dfrac{i(1+i)^n}{(1+i)^n - 1}$，则可计算出 $\dfrac{\partial Q}{\partial n} = -L\dfrac{i(1+i)^n \ln(1+i)}{[(1+i)^n - 1]^2} < 0$，这表明，消费者每期需偿还的贷款本息额会随着贷款期限的延长而下降；相应地，消费者获得贷款后，消费信贷对消费的挤出额会随着贷款期限的延长而减少，甚至消失。因此，只要银行允许，同时消费者也愿意适当地延长贷款的期限，那么，就能在很大程度上减少甚至消除消费者因贷款后的还本付息压力而压缩非信贷消费的行为，降低消费信贷对消费的挤出效应。然而，问题正如本书 3.1.3 中所分析的那样，由于"有多少钱办多少事"传统消费观念和不够成熟的负债消费观念的冲突，往往使消费者尽可能把贷款期限缩短，超过自身原有的储蓄能力，通过挤压非信贷消费的方式，来满足因此而增加的每期还本付息的资金需求，以致在消费者取得贷款后，因每期还本付息而引发的对消费的挤出效应一直居高不下。

（3）消费信贷对消费的直接挤出效应总量

消费者在获得消费信贷支持前为满足贷款条件，即积累首付款而发生的对消费的直接挤出效应，通常始于消费者计划用信贷方式来满足消费需求时，止于消费者获得信贷支持，实现消费目标时；消费者在获得消费信贷支持后，为积累偿还消费贷款本息的资金而发生的对消费的直接挤出效应，通常始于消费者获得信贷支持、实现消费目标时，止于还清贷款全部本息时。消费信贷直接挤出消费的总效应，是这两种发生在不同阶段上的效应之和。但是，这决不意味着消费信贷对消费的直接挤出效应的总量就是这两种发生在不同阶段上的挤出效应的简单相加，即使是发生在同一阶段不同时间的挤出效应，也不能简单相加，原因在于，针对发生在不同时间的挤出效应，汇总时必须考虑到资金的时间价值问题。因此，在计算直接挤出效应的总量之前，必须首先解决的问题是如何消除时间差异。这包含两个方面的内容：一是把发生在两个不同阶段的挤出效应统一到哪一个时点上；二是用什么方法来消除时间差异。

关于把发生在两个不同阶段的挤出效应统一到哪一个时点上的问

题，这里有三种选择：一是统一到消费者计划用信贷方式实现消费需求之时，即把发生在不同时间上的挤出效应统一折算为该时点的现值；二是统一到消费者还清全部贷款本息之时，即把发生在不同时间上的挤出效应统一折算为该时点的终值；三是统一到消费者获得信贷支持，实现消费需求之时，即把因消费者积累首付款而发生的挤出效应折算为该时点的终值，把因消费者积累偿还贷款本息的资金而发生的挤出效应折算为该时点的现值。具体选择哪个时点，必须考虑该时点与消费信贷挤出消费这一经济行为的发生之间的关联性，以及该时点对挤出效应计算的精确性的影响。事实上，关联性和精确性是紧密地联系在一起的。如果选择消费者计划用信贷方式实现消费需求之时，那么，对于因消费者积累首付款而发生的挤出效应而言，是合理的。因为该时点是这种挤出效应发生的起点，其关联性是十分清楚的，同时，把这种挤出效应表示为该时点的现值，不会影响对其估算的精确性。但是，对于因消费者偿还贷款本息而发生的挤出效应来说，情况就不同了，该时点既非这种挤出效应发生的起点，也非终点，两者之间并无直接的关联性，以这一时点为准计算出来的总的直接挤出效应必然会虚减因消费者偿还贷款本息而发生的对消费的挤出效应。如果选择消费者还清全部贷款本息之时，则情况正好相反。对于因消费者偿还贷款本息而发生的对消费的挤出效应而言，该时点是这种挤出效应的终点，两者之间有着十分清晰的关联关系，把这种挤出效应表示为该时点的终值，不会影响对其估算的精确性。但是，这一时点既非因消费者积累首付款而发生的挤出效应的起点，也非终点，两者之间并无直接的关联关系，以这一时点为准计算出来的总的直接挤出效应无疑会虚增因消费者积累首付款而导致的对消费的挤出效应。如果选择消费者获得信贷支持，实现消费需求之时，则无论对于因消费者积累首付款而发生的挤出效应，还是因消费者偿还贷款本息而发生的挤出效应而言，都具有合理性，这一时点既是前一种挤出效应的终点，也是后一种挤出效应的起点，这两种效应与该时点之间均有十分清晰的关联关系，把前一种挤出效应折算为该时点的终值，而把后一种挤出效应折算为该时点的现值，不存在虚增或虚减任何一种挤出

消费信贷的消费挤出效应研究
Squeezing Effects of Consumer Credit on Consumption

效应的问题。因此，把发生在两个不同阶段的挤出效应，统一到消费者实际得到信贷支持，真正实现消费目标这一时点上，是汇总消费信贷对消费的直接挤出效应，消除时间差异的唯一可行的选择。

关于用什么方法来消除时间差异的问题，实际上就是如何选择复利计算方法的问题。无论是计算消费者获得信贷支持之前的挤出效应的终值，还是计算消费者获得信贷支持之后的挤出效应的现值，利用的都是复利计算原理。复利有按年计算的，也有按季、按月、按日计算的，甚至还有把期限无限细分以后计算的。其中，把期限无限细分以后计算的复利称为连续复利。依据不同的复利计算方法，得出的终值和现值也不同。通常，连续复利只在理论上存在，在实践中并不具有可操作性。因此，在这里选择消除挤出效应的时间差异的方法时，可以把连续复利方法排除在外。至于对其他方法的选择问题，即依据复利计算原理选择按年、按季、按月还是按日计算挤出效应的终值和现值的问题，则在理论层面作分析时，无须过于明确，可以以"每期"来代表"每年""每季""每月"甚至"每日"。这样做既可以避免计算挤出效应的终值或现值时，在复利计算的期限问题上难以取舍的尴尬，又不会影响分析结果的准确性。至于在对实际问题作具体分析时，则可根据具体情况作出相应的取舍。

在确定把消费者获得信贷支持前后的直接挤出效应统一到消费者实际得到信贷支持这一时点上，并明确了消除时间差异的具体方法后，就可以汇总消费信贷对消费的直接挤出效应了。现在令 r 代表市场利率水平，则根据复利计算原理，可以得到消费者获得贷款前后消费信贷对消费的总的挤出额度 (DS_b) 和 (DS_a) 的如下表达式：

$$DS_b = S_b(1+r) + S_b(1+r)^2 + \cdots + S_b(1+r)^m$$
$$= S_b \sum_{j=1}^{m} (1+r)^j$$

将 4-1 式代入该式可得：

$$DS_b = \left(\frac{\frac{L}{t} - L}{m} - \alpha k R \right) \sum_{j=1}^{m} (1+r)^j \qquad (4-3)$$

$$DS_a = \frac{S_a}{(1+r)} + \frac{S_a}{(1+r)^2} + \cdots + \frac{S_a}{(1+r)^n}$$

$$= S_a \sum_{h=1}^{n} \frac{1}{(1+r)^h}$$

将 4-2 式代入该式可得：

$$DS_a = \left[L \times \frac{i(1+i)^n}{(1+i)^n - 1} - \alpha kR \right] \sum_{h=1}^{n} \frac{1}{(1+r)^h} \qquad (4-4)$$

"(4-3)式+(4-4)式"的总值即为考虑到资金时间价值后消费信贷直接挤出消费的总额度，若以 DS 表示这一总额度，则可得到如下表达式：

$$DS = \left(\frac{\frac{L}{t} - L}{m} - \alpha kR \right) \sum_{j=1}^{m} (1+r)^j + \left[L \times \frac{i(1+i)^n}{(1+i)^n - 1} - \alpha kR \right] \sum_{h=1}^{n} \frac{1}{(1+r)^h} \qquad (4-5)$$

DS 越大，表明消费信贷对消费的直接挤出效应越大；DS 越小，则表明消费信贷对消费的直接挤出效应越小。

从该表达式中可以看出，消除时间差异后消费信贷直接挤出消费的总额度是在假定从消费者计划用信贷方式实现消费目标至还清全部贷款本息期间，收入水平保持不变的前提下得出的。而在事实上，在此期间消费者的名义收入水平会有所上升，从这一意义上说，根据该表达式计算出的结果会与实际情况有一定的偏差。但是，这仅是一种表面现象。事实是，在剔除通货膨胀的影响后，消费者的实际收入水平上升幅度是有限的，而且随着实际收入水平的上升，消费者的消费领域也会随之扩大，原来没有纳入消费计划中的消费品会随着实际收入水平的上升而纳入消费计划。在消费者的储蓄水平保持基本不变的情况下，如果增加的收入被用于满足随着收入水平提高而新增加的消费需求，则原先被挤出的消费将不会因收入水平的上升而减少；如果增加的收入被用于满足原先被挤出的消费，则本应随着收入水平上升而增加的消费将被挤出。因此，在消费者计划用信贷方式实现消费目标至还清全部贷款本息期间，被消费信贷挤出的消费在数量上基本上不会因消费者收入水平的上升而减少,能减少挤出效应的是消费者在确立信贷消费计划时的收入基数。由此可见,依据上述表达式计算得到的结果与事实不会有明显的偏差,这表明了上述用以衡量直接挤出效应的方法的合理性。

4.3 消费信贷对消费的间接挤出效应的衡量

消费信贷对消费的间接挤出具体表现为消费信贷替代投资信贷后削弱了投资[1]对经济增长进而对居民收入水平增长的拉动作用,从而使消费者在既定消费倾向下的消费相对减少。衡量消费信贷对消费的间接挤出效应的过程,同样表现为在基本假设前提下,从一般意义上对被消费信贷间接挤出的消费额的计算过程。

4.3.1 分析的前提:基本假设及其依据

为了便于计算消费信贷对消费的间接挤出效应,同时也为后面的因素分析作准备,在这里先作出如下几个假设:

假设之一:相对于现有的资金可供量而言,投资需求具有充分性[2],进而对投资信贷的需求也具有充分性。也就是说,如果商业银行

---

[1] 这里所说的投资是指实质性投资,即能使资本总量增加的投资行为,而非在股票二级市场上收购现有企业股份的行为。

[2] 根据托宾的"Q理论",实质性投资需求与股票市场的运行情况有关,当股市高涨时,实质性投资需求也上升,因为与其在股票市场上收购现有企业,不如兴建新的企业;当股市低落时,实质性投资需求也会下降,因为与其投资兴建新的企业,不如在股票市场上收购现有企业。因此,实质性投资需求会体现出与股指的正相关关系。但是,这一规律在我国尚难以发挥作用,毕竟,上市企业的总规模在我国企业规模总量中所占的比重很小,股市变化还难以对投资需求产生显著的影响。

不办理消费信贷业务,那么,相应的信贷资金能够被投资信贷业务全部吸纳,这意味着,消费信贷业务是对投资信贷业务的全额替代,增加了多少消费信贷,就意味着替代了多少投资信贷。

假设之二:投资的内容包括基础设施投资、固定资产投资和存货投资,凡是能导致基础设施、固定资产或存货增加的经济活动均属于投资活动,凡是信贷活动所投放的资金被直接用于这三个方面的,就是投资信贷活动;但是,消费信贷活动的资金最终流入消费品制造和流通行业后,即使引起了该行业的存货或固定资产的增加,也不应该把其归入投资信贷的范畴。只有作出这样的假设,才能确保消费信贷对投资信贷的替代不存在重复或遗漏。

假设之三:经济处于均衡状态中,即在两部门模型中,表现为储蓄=投资;在三部门模型中,表现为储蓄+政府收入=投资+政府支出;在四部门模型中,表现为全社会的储蓄=投资+净出口。作出这样的假设是利用投资乘数原理分析这里所要研究的问题的前提。

假设之四:消费者的消费需求与其可支配收入之间表现为线性关系,且整体消费量完全受制于整体收入水平,即如果消费者可支配的收入总额为0,则相应的消费支出总额也为0。这意味着消费者的边际消费倾向与平均消费倾向相同。同时,假设消费者个人的消费倾向与社会消费倾向一致,作出这样的假设纯粹是为了方便计算。

4.3.2 具体的衡量方法

(1) 理论依据

在上述假设条件下,衡量消费信贷对消费的间接挤出效应所依据的是凯恩斯的国民收入决定论的核心组成部分——"投资乘数原理"。所谓"投资乘数原理",简单地说就是,如果一个国家增加一笔投资,那么,由此引起的国民产品的增加量,并不限于原来增加的这笔投资,而是原来增加的这笔投资的若干倍,这若干倍的产出增加额源于在既定的边际消费倾向下，年复一年的传导过程。国民产品的增加，无疑会引起消费者可支配收入的相应增加，因此，每增加一笔投资，会在引起产出增加若干倍的同时，使消费者可支配收入也增加若干倍。这同样是在年复一年的传导过程中实现的。在这种情况下，如果消费信贷替代投资信贷，那么，消费者就会失去因投资增加而引发的年复一年的收入增加过程；相应地，消费者在既定的消费倾向下，每年的消费也会相对减少，这就是投资乘数原理对消费信贷间接挤出消费的过程解释。

从投资乘数原理对消费信贷间接挤出消费的过程的解释中可以看出，除了消费信贷额度（即对投资信贷的替代额度）以外，影响挤出效应大小的另外两个因素分别是信贷投资资金的利用效率和消费者的收入水平占当年产出的比重。其中，消费者收入水平占当年产出的比重可以通过把当年居民收入总额（城镇居民可支配收入和农村居民纯收入之和）与当年 GDP 进行对比的方式得到。对信贷投资资金的利用效率的分析可以参照萨缪尔森研究"加速数原理"[①] 的基本思路，从分析当年产出的增加额与当年信贷投资额之间的数量关系着手。令 L_I 代表当年的信贷投资额，令 Y_t 代表当年的产出额，Y_{t-1} 代表上年的产出额，则信贷投资与产出之间的数量关系可以表示为 $L_I = V(Y_t - Y_{t-1})$，其中 V 就是当年的信贷投资额与当年产出增量之间的比例，通常情况下，$V > 1$。该表达式可变形为 $\Delta Y_t = \frac{1}{V} \cdot L_I$，其基本含义是：当信贷投资增加一单位时，产出会相应地增加 $\frac{1}{V}$ 单位。因此，$\frac{1}{V}$ 代表了信贷投资领域的资金使用效率。依据这样的分析，因消费信贷替代投资信贷而导致的产出

[①] 萨缪尔森提出的"加速数原理"是指，资本形成即投资与产出增长之间有一个基本稳定的比例关系，这个比例就称为加速数，用 V 表示，通常情况下，$V>1$。"加速数原理"的具体的表达式为：$I_t = K_t - K_{t-1} = VY_t - VY_{t-1} = V(Y_t - Y_{t-1})$。其中，$I_t$ 表示第 t 期的投资，K_t 和 K_{t-1} 分别表示第 t 期和第 $t-1$ 期的资本存量，Y_t 和 Y_{t-1} 分别表示第 t 期和第 $t-1$ 期的产出。上式可简化为 $I_t = V\Delta Y_t$，即 $\Delta Y_t = \frac{1}{V} \cdot I_t$，其中 ΔY_t 表示第 t 期的产出增量。

的相对减少数,以及因此而引起的消费者可支配收入的相对减少数,不仅受制于前述的投资乘数和消费者收入水平占当期产出的比重,同时还受制于信贷投资资金的使用效率,即"当年信贷投资额与当年产出增量之比"的倒数。因此,在测度消费信贷每期对消费的间接挤出效应时,必须综合考虑"投资乘数"和国民收入分配及信贷投资领域资金利用效率的影响。

(2) 消费信贷对每期消费的间接挤出效应

当消费信贷在当期的增加额为 L 时,意味着被消费信贷替代的投资信贷额为 L,若令 $\varphi = \dfrac{1}{V}$ 代表信贷投资领域的资金利用效率,即当期产出增量与当期信贷投资的比率,那么,当期因投资信贷减少而少增加的产出为 φL。现在,再令消费者收入水平占当年产出的比重为 ω,则当期消费者少增加的收入为 $\omega\varphi L$,在消费倾向为 k 时,当期被消费信贷间接挤出的消费为 $k\omega\varphi L$。由于消费者的消费倾向与社会消费倾向一致,同时又假设经济处在均衡状态下,那么,在第一期因消费信贷替代投资信贷而使产出少增加 φL 的基础上,第二期少增加的产出为 $(1-k)\varphi L$;相应地,消费者因此而少增加的收入为 $\omega(1-k)\varphi L$,在消费倾向为 k 时,第二期被消费信贷间接挤出的消费为 $k\omega(1-k)\varphi L$。以后各期的相关指标可以以此类推。据此,可以得到在消费信贷增加额为 L 时,每期被消费信贷间接挤出的消费额如表 4-1 所示。

表 4-1　　　　　每期被消费信贷间接挤出的消费额

时期	消费信贷对投资信贷的替代额	少增加的产出	消费者少增加的收入	被间接挤出的消费额
1	L	φL	$\omega\varphi L$	$k\omega\varphi L$
2	—	$(1-k)\varphi L$	$\omega(1-k)\varphi L$	$k\omega(1-k)\varphi L$
3	—	$(1-k)^2\varphi L$	$\omega(1-k)^2\varphi L$	$k\omega(1-k)^2\varphi L$
4	—	$(1-k)^3\varphi L$	$\omega(1-k)^3\varphi L$	$k\omega(1-k)^3\varphi L$

表4-1(续)

时期	消费信贷对投资信贷的替代额	少增加的产出	消费者少增加的收入	被间接挤出的消费额
5	—	$(1-k)^4 \varphi L$	$\omega(1-k)^4 \varphi L$	$k\omega(1-k)^4 \varphi L$
⋮	⋮	⋮	⋮	⋮
n	—	$(1-k)^{n-1} \varphi L$	$\omega(1-k)^{n-1} \varphi L$	$k\omega(1-k)^{n-1} \varphi L$
$n+1$	—	$(1-k)^n \varphi L$	$\omega(1-k)^n \varphi L$	$k\omega(1-k)^n \varphi L$
⋮	⋮	⋮	⋮	⋮

注：在均衡状态下，储蓄=投资，因此，当年少增加的产出即为上年全社会少增加的储蓄，即上年少增加的产出×(1−k)。

(3) 消费信贷对消费的间接挤出效应的总量

从表4-1中可以看出，只要消费信贷替代了投资信贷，那么，由此而引发的消费信贷对消费的间接挤出效应，就会无限期地延续下去，这是投资乘数原理发挥作用的必然结果。上表中每期被消费信贷间接挤出的消费额，具体表现为一个以 $(1-k) \in (0, 1)$ 为公比的无穷递缩等比数列。虽然无穷递缩等比数列的求和方法很简单，但在汇总消费信贷每期对消费的间接挤出效应时，不能就此简单相加。毕竟，这是发生在不同时间上的挤出效应，在资金时间价值因素的影响下，简单相加必然会夸大挤出效应。因此，与汇总直接挤出效应一样，汇总间接挤出效应时，也需要把发生在不同时间的挤出效应统一到某一个时间点上。在这里，鉴于与消费信贷间接挤出消费这一经济现象的关联性及计算的精确性要求，并考虑到与直接挤出效应汇总的需要，选择消费者实际获得消费贷款，即消费信贷对投资信贷发生实际的替代行为这一时点，作为汇总消费信贷对消费的间接挤出效应的标准，把发生在不同时间的间接挤出效应，根据市场利率换算成该时点的现值，然后再加以汇总。现在，令 IS 代表消费信贷对消费的间接挤出效应总量，令市场利率为 r，则可得到消费信贷对消费的间接挤出效应总量的如下表达式：

$$IS = \frac{k\omega\varphi L}{1+r} + \frac{k\omega(1-k)\varphi L}{(1+r)^2} + \frac{k\omega(1-k)^2\varphi L}{(1+r)^3} + \cdots + \frac{k\omega(1-k)^{n-1}\varphi L}{(1+r)^n} + \cdots$$

$$= \frac{k\omega\varphi L}{r+k} \tag{4-6}$$

IS 越大，表明消费信贷对消费的间接挤出效应越大；反之，则表明消费信贷对消费的间接挤出效应越小。

4.4 消费信贷对消费的挤出效应总量

前面分别从一般意义上计算了消费信贷对消费的直接和间接挤出效应，并把发生在不同时期的直接和间接挤出效应，依据资金的时间价值原理，分别换算成了在消费者实际获得消费贷款这一时点上的现值和终值，使其具备了直接的可加性，并据以计算出了直接挤出效应和间接挤出效应的总额。在这一基础上，如果令 TS 代表消费信贷对消费的总挤出效应，则可得到如下关于挤出效应总量的表达式：

$$TS = DS + IS$$

$$= \left(\frac{\frac{L}{t} - L}{m} - \alpha kR \right) \cdot \sum_{j=1}^{m} (1+r)^j$$

$$+ \left[L \times \frac{i(1+i)^n}{(1+i)^n - 1} - \alpha kR \right] \cdot \sum_{h=1}^{n} \frac{1}{(1+r)^h} + \frac{k\omega\varphi L}{r+k} \tag{4-7}$$

显然，TS 越大，表明消费信贷对消费的挤出效应越大；反之，则表明消费信贷对消费的挤出效应越小。

需要说明的是，前面所分析的消费信贷挤出消费（包括直接挤出和间接挤出）的过程以及据此而计算出来的挤出效应的总量，仅仅是针对在某一时期增加的消费信贷额 L 而言的（尽管这一增加额可能是由多笔贷款构成的，但根据本书 4.2.1 中的第一个假设，已把这多笔贷款从整体上看成了一笔贷款），如果其他时期也有消费信贷的增加额，则还会重复这一过程。事实上，我国的消费信贷额在逐年增加；相应地，消费信贷挤出消费的过程也不断地在新的基础上重复出现，以一种"滚动"和"叠加"的状态进行着。因此，如果把不同时期增加的消费信贷额综合在一起来考虑，那么，挤出效应的总量将远不止这么多。但是，就本书所要研究的问题而言，分析一期的情况也就足以说明问题了。

5 影响挤出效应的因素分析

前面从理论层面上分析了消费信贷对消费的挤出效应总量的形成过程和测度方法,为从总量上分析消费信贷对消费的挤出效应提供了基本思路和方法。但是,要完整、准确地测度消费信贷对消费的挤出效应,仅仅进行总量分析是远远不够的。因为总量分析无法测度和把握挤出效应的具体形成过程及各个影响因素,只是体现了衡量标准的可测性要求,而要体现衡量标准的可控性要求,则必须从分析挤出效应的各个影响因素着手。只有通过因素分析,才能为有效地调控挤出效应提供可靠的依据。如果说对挤出效应的总量分析主要是在理论层面上进行的,那么,对挤出效应的影响因素的分析,则除了需要在理论层面上进一步深化外,还需要体现出与具体实践相结合的特点。因此,本部分将在对因素分析的内容和具体方法作出论述的基础上,主要从理论和实践两个层面,对影响挤出效应总量变动的各个因素做出分析。

5.1 分析内容的确定及分析方法的选择

分析影响消费信贷的消费挤出效应总量的各个因素,目的是为有效地调节和控制挤出效应,合理发挥消费信贷的功能提供可靠的依据。无论是分析内容的界定还是分析方法的选择,都必须围绕这一目的来进行。

5.1.1 分析内容

依据上述分析目的，因素分析旨在回答两个问题：一是调节和控制消费信贷对消费的挤出效应的切入点在哪里；二是针对每个切入点，从什么方向上来调节和控制，调节和控制的力度应该有多大。关于第一个问题，实际上就是要回答影响消费信贷对消费的挤出效应的因素有哪些；关于第二个问题，实际上就是要回答从什么方向上、用多大的力度控制各个影响因素。要正确回答第二个问题，第一必须明确各个因素影响挤出效应总量的方向，即明确其变动对挤出效应总量的变动产生正向作用还是负向作用，以便根据具体的调控目的来强化或削弱这种作用；第二必须明确各个因素的变化对挤出效应总量的影响程度。换句话说，就是要明确挤出效应总量变化对每一个因素变化的敏感度，即某个影响因素变动百分之一，挤出效应总量将变动百分之几。只有明确这一点，才能根据调控目的，正确把握调控各个影响因素的力度。

综合上述分析，可以把对消费信贷的消费挤出效应进行因素分析的内容概括为两个方面，即有哪些因素在影响挤出效应的总量，以及各因素影响挤出效应总量的方向和程度。事实上，在本书4.4中所给出的衡量挤出效应总量的公式中，已经明确地列出了影响挤出效应总量的各个因素。因此，在这里，剩下的因素分析任务就是分析各因素对挤出效应总量的影响方向和影响程度。

5.1.2 分析方法的选择

因素分析方法通常有连环替代法、边际分析法和弹性分析法。其中连环替代法是统计中的常用方法，其特点是简单、直观，并且能明确反映各影响因素在总量变化中所起的作用和所占的份额，其缺点是只能适用于总量表现为各个影响因素的连乘积的情况。从本书4.4中所给出的公式中可以看出，消费信贷对消费的挤出效应总量表现为各个影响因素"四则运算"的结果，而不是单纯表现为各个影响因素的连乘积。在这种情况下，面对既要分析各因素对挤出效应总量的影响方向，又要分析各因素对挤出效应总量的影响程度的双重任务，统计中常用的普通因素分析法即连环替代法，显然难以胜任。因此，可行的分析方法只能是边际分析法和弹性分析法了。

边际即"额外""追加"的意思，是指处在边缘上的"已经追加的最后一个单位"，或"可能追加的下一个单位"，属于导数和微分的概念。边际量就是指在函数关系中，自变量发生微量变动时，在边际上因变量的变化，而边际值则表现为因变量的增量和自变量的增量的比值。边际分析法就是运用导数和微分方法研究经济运行中微增量的变化，利用边际值分析各经济变量之间的相互关系及变化过程的一种方法。当自变量的变化趋于极小值时，边际值就表现为因变量对该自变量的导数或偏导数。当导数或偏导数大于0时，表明自变量的变化对因变量的变化产生正向作用；当导数或偏导数小于0时，则表明自变量的变化对因变量的变化产生负向作用。针对这里所要研究的问题，当挤出效应总量对某个影响因素的偏导数大于0时，则表明该影响因素与挤出效应总量同方向变化；反之，则表明该影响因素与挤出效应的总量反方向变化。因此，边际分析法是判断各影响因素对挤出效应总量的影响方向的有效方法。

弹性是指因变量变动的比率与引起其变动的自变量变动的比率之比，弹性的大小是以弹性系数来表示的。若以 X 表示某一个自变量，Y 表示受多个自变量影响的因变量，则弹性系数可表示为 $E = \dfrac{\dfrac{\Delta Y}{Y}}{\dfrac{\Delta X}{X}} = \dfrac{\Delta Y}{\Delta X}\dfrac{X}{Y}$。当自变量的改变量趋于无穷小时，弹性系数的表达式就演变成

$E = \lim\limits_{\Delta X \to 0} \dfrac{\Delta Y}{\Delta X} \dfrac{X}{Y} = \dfrac{\partial Y}{\partial X} \dfrac{X}{Y}$。弹性分析法就是通过计算和分析弹性系数来判断因变量的变化对自变量的变化的敏感性（即自变量的变化对因变量变化的影响程度）的方法。当弹性系数的绝对值大于 1 时，表明因变量对自变量的变化富有弹性，即自变量发生较小幅度的变化，就可以引起因变量较大变化，说明自变量对因变量的影响很大；当弹性系数的绝对值小于 1 时，表明因变量对自变量的变化缺乏弹性，即自变量较大幅度的变化，只能引起因变量较小幅度的变化，说明自变量对因变量的影响较小。针对这里所要研究的问题，当消费信贷对消费的挤出效应的总量对某个影响因素的弹性系数的绝对值大于 1 时，则表明该因素对挤出效应总量的影响较大，自身发生较小的变化，就能使挤出效应的总量发生较大的改变；反之，则表明该因素对挤出效应总量的影响较小，自身较大的变化，只能引起挤出效应总量发生较小的变化。由此可见，弹性分析法是据以判断各影响因素对挤出效应总量的影响程度的有效方法。

5.2 理论层面的分析

从本书 4.4 中所给出的衡量挤出效应总量的表达式（4-7）中，可以看出，消费信贷对消费的挤出效应总量的大小受制于消费信贷规模（L）、贷款额度占信贷消费品价款的比例（t）、消费者实际积累首付款的期限（m）、消费计划中信贷消费品占消费品总量的份额（α）、消费者的收入水平（R）、消费者的消费倾向（k）、市场利率水平（r）、贷款期限（n）、贷款利率（i）、消费者当期收入水平占当期 GDP 的比重（ω），以及信贷投资领域的资金利用率（φ）等一系列影响因素。这些因素分别在不同的方向和不同的程度上，影响着消费信贷对消费的挤出效应总量的变化。为了从理论层面上解释清楚这些因素的变化对挤出效应总量的变化所产生的影响，下面根据本书 4.4 部分中所给出的消费信贷对消费的挤出效应总量的数学表达式（4-7），也就是 $TS = \left(\dfrac{\dfrac{L}{t}-L}{m}-\alpha kR\right) \cdot \sum_{j=1}^{m}(1+r)^{j} + \left[L \times \dfrac{i(1+i)^{n}}{(1+i)^{n}-1} - \alpha kR\right] \cdot \sum_{h=1}^{n}\dfrac{1}{(1+r)^{h}}$ $+\dfrac{k\omega\varphi L}{r+k}$，按照上述排列次序，利用边际分析法和弹性分析法，分别来计算这些因素的变动影响挤出效应总量的方向和程度，并根据计算结果作相应的分析说明。

在作分析前需要说明的问题是，边际分析主要用于判断各因素变动与挤出效应总量的相应变动是否具有一致性，判断的标准是偏导数是否大于 0；弹性分析主要用于判断各因素变动影响挤出效应总量变动的程度高低，判断的标准是弹性系数的绝对值是否大于 1。在理论层面上，由于缺少现实的数据支持，无论是偏导数，还是弹性系数，计算结果都无法表现为具体的数值，而只能以一系列符号来表示。在这种情况下，判断偏导数是否大于 0，相对来说比较容易，而要正确判断弹性系数的绝对值是否大于 1，则很难做到，这是在理论层面上分析时难以避免的"尴尬"。因此，针对本书所研究的问题，在理论层面上分析的重点是各因素变动影响挤出效应总量的方向，以边际分析法作为重点，同时为将在现实层面的分析中作为重点的弹性分析作一些必要的准备。

5.2.1 消费信贷规模的变化对挤出效应的影响

其一，利用边际分析方法来分析贷款规模（L）的变化对挤出效应总量（TS）的影响方向。这一分析过程具体表现为计算挤出效应总量对消费信贷规模的偏导数，并根据计算结果得出相应的分析结论的过程。根据消费信贷对消费的挤出效应总量（TS）的具体表达式，可得到其对贷款规模（L）的偏导数的如下表达式：

$$\frac{\partial TS}{\partial L} = \frac{\frac{1}{t}-1}{m} \sum_{j=1}^{m} (1+r)^{j} + \frac{i(1+i)^{n}}{(1+i)^{n}-1} \sum_{h=1}^{n} \frac{1}{(1+r)^{h}} + \frac{k\omega\varphi}{r+k}$$

(5-1)

显然，由于 t 的取值范围在 0 到 1 之间，m、r、k、ω、φ 和 n 均大于 0，因而 $\frac{\partial TS}{\partial L} > 0$。这一计算结果表明：当期消费信贷增加的额度越大，消费信贷对非信贷消费的挤出效应就越大。造成这一现象的原因不但体现在消费信贷规模扩大对直接挤出效应的影响上，同时也表现在对间接挤出效应的影响上。一方面，消费者为满足贷款条件所需积累的首付款的额度，会随着消费信贷额度的增大而增大，在实际积累首付款的期限不变时，每期所需积累的首付款会随之增大，从而在消费者用于满足信贷消费的有支付能力的需求（$\alpha k R$）不变时，扩大对非信贷消费的挤出；另一方面，同样在消费者用于满足信贷消费的有支付能力的需求（$\alpha k R$）不变时，若贷款期限不作相应的延长，则消费者的非信贷消费会因贷款额度增大所导致的每期还本付息额的相应增加而减少。此外，消费信贷额度的增大，意味着投资信贷额度的相对减少，会间接造成 GDP 的相对减少，进而在消费者的消费倾向以及当期可支配的收入占当期 GDP 的比例不变时，相对减少当期的消费。

其二，利用弹性分析方法来分析消费信贷规模（L）的变化对挤出效应总量（TS）的影响程度。这一分析过程的实质是分析挤出效应总量对贷款规模变化的敏感度，具体表现为计算挤出效应总量对消费信贷规模的弹性系数，并根据计算结果，得出相应的分析结论的过程。现在，令 E_L 代表挤出效应总量对消费信贷规模的弹性系数，那么，根据前面对弹性系数含义的解释，可得到 E_L 的如下表达式：

$$E_L = \lim_{\Delta L \to 0} \frac{\Delta TS}{\Delta L} \frac{L}{TS} = \frac{\partial TS}{\partial L} \frac{L}{TS}$$

(5-2)

将 5-1 式和 4-7 式代入该式，即可得到 E_L 的具体表达式。E_L 代表了消费信贷规模变动百分之一时，消费信贷对消费的挤出效应总量变动的百分数。从表达式 5-2 中可以看出 E_L 大于 0。但是，由于 E_L 的具体数值受制于消费信贷规模（L）、贷款额度占信贷消费品价款的比例（t）、消费者实际积累首付款的期限（m）、消费计划中信贷消费品占消费品总量的份额（α）、消费者的消费倾向（k）、消费者的收入水平（R）、市场利率水平（r）、贷款期限（n）、贷款利率（i）、消费者当期可支配收入占当期 GDP 的比重（ω），以及信贷投资领域的资金利用效率（φ）等一系列因素，在这里无法根据这些抽象的代号判断 E_L 是否大于 1，因而暂时只能借助于这一表达式，为判断消费信贷规模对挤出效应总量的影响程度的大小提供一种基本方法，具体的判断结果还得等进行现实层面分析以后，再作回答。

5.2.2 贷款额度占信贷消费品价款的比例变化对挤出效应的影响

贷款额度占信贷消费品价款总额的比例（以下简称"贷款比例"）实际上是首付款比例的另一种表述方式，该比例越高，说明首付款比例越低，反之，则表明首付款比例越高。因此，回答了贷款比例变动对挤出效应总量变动的影响方向和影响程度，实际上就是回答了首付款比例变动对挤出效应总量所产生的影响。

分析贷款比例的变动对挤出效应总量的影响，同样包括对影响方向的分析和影响程度的分析两个方面。对影响方向的分析主要借助于边际分析法，具体表现为计算挤出效应总量对贷款比例的偏导数，并根据计算结果进行具体分析的过程。根据 4-7 式，可得到挤出效应总量（TS）对贷款比例（t）的偏导数的如下表达式：

$$\frac{\partial TS}{\partial t} = -\frac{\frac{L}{t^2}}{m} \cdot \sum_{j=1}^{m} (1+r)^j \tag{5-3}$$

显然，$\frac{\partial TS}{\partial t} < 0$。这一结果表明：挤出效应总量的变化与贷款比例的变化之间存在负向关系，贷款比例越高，挤出效应就越低。其实，产生这一结果的原因很简单，贷款比例提高，意味着首付款比例降低；相应地，消费者为满足贷款条件而每期需积累的首付款额度下降，在消费者用于满足信贷消费的有支付能力的需求（αkR）不变时，每期被挤出的非信贷消费减少。

在上述计算结果的基础上，如果令 E_t 代表挤出效应总量对贷款比例的弹性系数，则根据弹性系数的基本含义，可得到如下表达式：

$$E_t = \lim_{\Delta t \to 0} \frac{\Delta TS}{\Delta t} \cdot \frac{t}{TS} = \frac{\partial TS}{\partial t} \cdot \frac{t}{TS} = -\frac{\frac{L}{t^2}}{m} \cdot \sum_{j=1}^{m} (1+r)^j \cdot \frac{t}{TS} \qquad (5-4)$$

把 4-7 式代入该式后，即可得到 E_t 的完整的表达式。该表达式代表着贷款比例变动百分之一时，挤出效应总量相应变动的百分比。该式表明了两者之间的反向变动关系，但因仅限于理论分析，缺乏实际的数据，因而无法据以判断其绝对值是大于 1 还是小于 1，这个问题同样只能留待在做出现实层面的分析后，再作回答。

5.2.3 消费者实际积累首付款的期限的变化对挤出效应的影响

在贷款额度和贷款比例既定的情况下，实际上也就确定了消费者为满足贷款条件而需积累的首付款的金额，这时，实际积累付款的期限长短就成了消费者获得信贷支持前为积累首付款而挤出非信贷消费的根本决定因素。本书 4.2.2 中列出的 4-1 式表达了因消费者积累首付款而每期挤出的非信贷消费额，从该式中可以看出，当消费者实际积累首付款的期限 $m \geqslant \dfrac{\frac{L}{t} - L}{\alpha kR}$ 时，将不存在因积累首付款而挤出非信贷消费的现象，消费者积累首付款的期限越长，不但不存在挤出效应，反而会因此而加大消费信贷对消费的刺激效应。但问题正如在本书4.2.2中所分析的那样，消费者会因为政府刺激消费的政策诱导和强大的宣传攻势，再加上消费示范效应的影响，尽可能缩短积累首付款的实际期限，因此而造成对每期非信贷消费的挤出。从这一意义上说，在消费者积累首付款的实际期限低于本书4.2.2中所阐述的合理期限 $\dfrac{\frac{L}{t}-L}{\alpha kR}$ 的情况下，消费者实际积累首付款的期限越长，因积累首付款而挤出的每期消费就越少，反之，则挤出的每期消费就越多。从表面上看，似乎根据这些就可以得出消费者实际积累首付款的期限变动对总挤出效应产生负面影响，即总挤出效应的总量随着消费者实际积累首付款的期限延长而下降，随着消费者实际积累首付款的期限缩短而上升的结论。但是，由于积累首付款而产生的挤出效应，即首付款积累效应的总量是以消费者实际得到信贷支持时的终值来衡量的，情况因此而变得复杂，这种复杂性可以在边际分析过程中得到反映。

根据4-7式，可得到挤出效应总量（TS）对消费者实际积累首付款的期限（m）的偏导数的如下表达式：

$$\frac{\partial TS}{\partial m} = -\frac{\frac{L}{t}-L}{m^2} \cdot \sum_{j=1}^{m}(1+r)^j$$

$$+ \left(\frac{\frac{L}{t}-L}{m} - \alpha kR\right) \cdot \frac{(1+r)^{m+1}\ln(1+r)}{r} \quad (5-5)$$

显然，无法根据上述计算结果在理论层面上推断出 $\dfrac{\partial TS}{\partial m}$ 大于0或小于0的确切结论，也就是无法判断消费者实际积累首付款期限的变化对挤出效应总量的变化产生正向作用还是负向作用。造成这一结果的原因是消费者在获得信贷支持前因积累首付款而产生的对非信贷消费的挤出效应，是以获得贷款时的终值来衡量的，这就使消费者实际积累首付款的期限的变动对挤出效应总量的变化产生两种方向相反的影响：一方面，这一期限的延长或缩短，会造成消费者每期所需积累的首付款额度的减少或增加，相应地减少或增加消费者获得贷款前每期因积累首付款而挤出的非信贷消费额度，这是消费者实际积累首付款期限的变化对挤出效应总量变化的负向作用；另一方面，因积累首付款而产生的挤出效应总量是以消费者获得贷款时的终值表示的，这一期限的延长或缩短，会使以终值表示的消费者在获得贷款前的挤出效应总量相应地增加或减少，这是消费者实际积累首付款期限的变化对挤出效应总量变化的正向作用。消费者积累首付款的实际期限的变化对挤出效应总量的最终影响取决于这两种方向相反的影响相抵的结果，这不但受制于这一期限自身的变化，还受制于贷款额度、贷款比例、消费计划中用于购置信贷消费品的份额、边际消费倾向、收入水平、市场利率等一系列因素。

现在，若令 E_m 代表当消费者实际积累首付款的期限变动百分之一时，挤出效应总量相应变动的百分数，即挤出效应总量对消费者实际积累首付款的期限的弹性系数，则根据 4–7 式，可以得到 E_m 的如下表达式：

$$E_m = \lim_{\Delta m \to 0} \frac{\Delta TS}{\Delta m} \cdot \frac{m}{TS} = \frac{\partial TS}{\partial m} \cdot \frac{m}{TS} \tag{5-6}$$

把 4–7 式和 5–5 式代入该式后，即可得到 E_m 的完整的表达式。

在这里，边际分析旨在为判断消费者实际积累首付款的期限变动影响挤向挤出效应总量变动的方向提供依据，而在此基础上进行的弹性分析则旨在据以判断消费者实际积累首付款的期限变动影响挤出效应总量变动的程度。在本节的开头部分已经说明，对于理论层面上的分析而言，判断偏导数是否大于 0 相对较容易。但是，由于前面所提到的复杂性，就分析消费者积累首付款的实际期限变动对挤出效应总量变动的影响而言，这个分析目的难以达到；相应地，弹性分析的目的就更难达到了。这两个分析目的只能等待在现实层面的分析中实现了，这里所作的分析只能起到为后面在现实层面上的分析做准备的作用。

5.2.4 消费计划中信贷消费品占消费品总量的份额变化对挤出效应的影响

消费者在实施具体的消费行为之前,通常会制订一个消费计划。消费计划是消费者对消费行为的一种事先的设想和安排,其中,如何分配信贷消费和非信贷消费在消费总量中各自所占的比重,是消费计划的重要内容。通常,消费者会根据自身的消费需求以及消费信贷的可获得性确定信贷消费在消费计划中所占的份额。一旦在消费计划中确定了信贷消费品占消费品总量的份额,也就确定了消费者在既定收入水平和消费倾向下,用以满足信贷消费条件的能力。这种能力在实际获得信贷支持前,体现为积累首付款的能力;在实际获得信贷支持,实现了消费目标后,体现为积累还本付息资金的能力。当这种能力与每期积累首付款的要求或每期还本付息的要求之间存在"缺口"时,消费者通常只能选择压缩非信贷消费的方式来填补"缺口",这就形成了消费信贷对非信贷消费的挤出。因此,在消费者的消费计划中,信贷消费品占消费品总量的份额是影响挤出效应大小的直接因素,其影响挤出效应总量变化的方向,可以通过计算挤出效应总量对该"份额"的偏导数来得到反映。

根据 4-7 式,可得到挤出效应总量(TS)对消费计划中信贷消费品在消费品总量中所占的份额(α)的偏导数的如下表达式:

$$\frac{\partial TS}{\partial \alpha} = -kR\left[\sum_{j=1}^{m}(1+r)^j + \sum_{h=1}^{n}\frac{1}{(1+r)^h}\right] \qquad (5-7)$$

显然,由于 k、R 和 r 都大于 0,因而 $\frac{\partial TS}{\partial \alpha} < 0$。这一结果表明:消费者的消费计划中信贷消费品占消费品总量的份额变化对挤出效应总量的变化有负向作用,消费信贷对消费的挤出效应会随着消费者扩大信贷消费品在消费计划中所占的比重而下降。从这一意义上说,当消费者的所有消费都通过信贷消费方式实现时,消费信贷对消费的挤出效应也就

不存在了，这与本书 1.3.1 中所强调的"挤出效应具体表现为受到信贷支持的消费行为对不能得到信贷支持的消费行为的挤出"具有一致的含义。尽管如此，这里还是要强调，信贷消费品在消费计划中占多大的份额，起决定作用的除了消费者本人以外，还有信贷消费品的供给，说得更具体点，就是消费信贷能覆盖到哪些消费品上。因此，在消费者的消费计划中，信贷消费品占消费品总量的份额是可以通过调整消费信贷的覆盖面而加以引导和优化的。

既然消费者的消费计划中信贷消费品在消费品总量中所占的份额对挤出效应总量产生负向作用，那么其作用的程度又如何呢？这还是需要借助于挤出效应总量对消费计划中信贷消费品所占的份额的弹性系数指标来说明。若令 E_α 代表挤出效应总量对这一"份额"的弹性系数，则根据前面边际分析的结果，可以得到弹性系数指标的如下表达式：

$$E_\alpha = \lim_{\Delta\alpha \to 0} \frac{\Delta TS}{\Delta \alpha} \cdot \frac{\alpha}{TS} = \frac{\partial TS}{\partial \alpha} \cdot \frac{\alpha}{TS}$$

$$= -kR\left[\sum_{j=1}^{m}(1+r)^j + \sum_{h=1}^{n}\frac{1}{(1+r)^h}\right] \cdot \frac{\alpha}{TS} \tag{5-8}$$

把 4-7 式代入该式后，即可得到 E_α 的完整的表达式。E_α 表示消费者的消费计划中信贷消费品所占的份额变动百分之一所引起的挤出效应总量变动的百分比，这一百分比的具体数值需要在后面的现实层面上的分析中得出。

5.2.5 用信贷方式实现消费目标的消费者收入水平的变化对挤出效应的影响

用信贷方式实现消费目标的消费者收入水平的变化对挤出效应总量的影响主要表现在两个阶段：在消费者获得信贷支持，满足信贷消费需求之前，收入水平的高低主要影响消费者积累首付款的能力；在消费者获得信贷支持，满足信贷消费需求之后，收入水平的高低主要影响消费者积累还本付息资金的能力。通过计算挤出效应总量对消费者收入水平的偏导数，可以看出消费者收入水平变化影响挤出效应总量变化的方向。

$$\frac{\partial TS}{\partial R} = -\alpha [k'(R)R + k(R)] \cdot \left[\sum_{j=1}^{m}(1+r)^j + \sum_{h=1}^{n}\frac{1}{(1+r)^h} \right]$$

(5-9)

在这里，考虑到了 $k = k(R)$ 以及 $k'(R) < 0$，同时，根据本书 4.2.1 中的假设之五，可以得出 $k'(R)R + k(R) > 0$ 的结论，因而 $\frac{\partial TS}{\partial R} < 0$。这一计算结果表明：随着以信贷方式实现消费目标的消费者的收入水平的提高，消费信贷对消费的挤出效应总量将随之下降。这同样说明，在以信贷方式实现消费目标的消费者的收入水平较低时，消费信贷挤出消费的总量较高。因为当消费者的收入水平较低时，消费者在既定的消费倾向和消费计划中既定的信贷消费份额下，积累首付款以及积累还本付息资金的能力也较低；相应地，这种能力与每期积累首付款的要求或每期还本付息的要求之间的"缺口"也较大，对非信贷消费的挤出也就更多。如果设想消费信贷在消费者收入水平为 0 的情况下出现，姑且不去考虑消费者是否有能力偿还贷款本息的问题，就因此而造成的信贷消费对非信贷消费的挤出而言，那将是百分之百的挤出，而且被挤出的还不是引致性消费，而完全是自发性消费。这可以在一定程度上解释为什么在银行信贷业务出现之初，消费信贷并没有立即出现，而是等到经济有了一定程度的发展，消费者的收入水平达到一定高度后才出现。若换一个角度，则可以把这种情况理解为只有在消费者的收入水平达到一定高度后，消费信贷才能有效地刺激消费。我国的消费信贷是在刚刚结束短缺经济时代的 20 世纪 90 年代末期发展起来的，是在面对东南亚金融危机的冲击，出口对经济增长的拉动作用明显削弱，内需不得不充当拉动经济增长的"主力军"的背景下，被推上"刺激消费"这一舞台的，可以说是"受命于危难之间"。事实上，当时消费者的收入水平并没有达到能使消费信贷对消费的刺激作用有效发挥的程度，因而

消费信贷对消费的挤出效应从一开始就是非常严重的。时至今日，消费者的收入水平虽然已经有了一定程度的提高，但是其在挤出效应的形成过程中所起的作用依然不能被忽视。

在明确了用信贷方式实现消费目标的消费者的收入水平对挤出效应总量的变动有负向作用以后，为了判断其影响程度，现在令 E_R 代表挤出效应总量对消费者收入水平的弹性系数，即当用信贷方式实现消费目标的消费者的收入水平变动百分之一时，挤出效应总量相应变动的百分数。根据4-7式及上述计算结果，可得到 E_R 的如下表达式：

$$E_R = \lim_{\Delta R \to 0} \frac{\Delta TS}{\Delta R} \cdot \frac{R}{TS} = \frac{\partial TS}{\partial R} \cdot \frac{R}{TS}$$

$$= -\alpha [k'(R)R + k(R)] \cdot \left[\sum_{j=1}^{m} (1+r)^j + \sum_{h=1}^{n} \frac{1}{(1+r)^h} \right] \cdot \frac{R}{TS}$$

(5-10)

把4-7式代入该式后，即可得到 E_R 的完整的表达式。与前面的分析结果一样，E_R 的具体结果及相应的分析结论只能在后面的现实层面的分析中得出。

5.2.6 消费者的消费倾向的变化对挤出效应的影响

消费倾向反映的是消费支出与收入之间的对比关系，可分为平均消费倾向和边际的消费倾向两种类别。平均消费倾向是指消费者当期的消费支出与当期的收入之比；边际消费倾向是指消费者当期的消费支出增量与当期的收入增量之比。由于计算平均消费倾向时，消费支出中包含消费者的自发性消费，而计算边际消费倾向时，消费支出增量中只有引致性消费的增量，没有自发性消费的增量，因而平均消费倾向通常高于边际消费倾向。无论是平均消费倾向还是边际消费倾向，都有一个共同特点，那就是有随着消费者收入水平提高而逐步递减的趋势。在这里，消费倾向是指消费者的平均消费倾向。

与消费者的消费计划中信贷消费品占消费品总量的份额一样，消费者的消费倾向也是影响挤出效应总量的重要因素。消费者的消费倾向一旦确定，也就确定了消费者在既定收入水平和消费计划中既定的信贷消费份额下，用以满足信贷消费条件的能力，这种能力同样体现为消费者积累首付款或积累还本付息资金的能力。同样，当这种能力与每期积累首付款的要求或每期还本付息的要求之间存在"缺口"时，会因消费者不得不选择压缩非信贷消费的方式来填补"缺口"而形成消费信贷对非信贷消费的挤出。所不同的是，消费者的消费倾向对挤出效应总量的影响，不仅表现为影响直接挤出效应，还体现在对间接挤出效应的影响上。消费信贷替代投资信贷以后，在"投资乘数原理"的作用下，会引起产出在一个时间序列上的相对下降，而产出的相对下降必然会传导到消费者可支配的收入水平上，从而在既定的边际消费倾向下影响挤出效应的总量。由此可以看出，消费倾向的变化作用于挤出效应的过程比消费计划中信贷消费所占的份额作用于挤出效应的过程要复杂，这会体现在边际分析的过程和结果中。关于这一点，将在边际分析的过程和结果中得到进一步地体现。

根据4-7式，可得到挤出效应总量(TS)对消费者的消费倾向(k)的偏导数的如下表达式：

$$\frac{\partial TS}{\partial k} = \frac{\omega \varphi L}{r+k} - \alpha R \left[\sum_{j=1}^{m} (1+r)^j + \sum_{h=1}^{n} \frac{1}{(1+r)^h} \right] \quad (5-11)$$

在理论层面的分析上，无法判断 $\frac{\partial TS}{\partial k}$ 是否大于0，因而也无法得出随着消费者的消费倾向的变化，消费信贷对消费的挤出效应会相应地增加或减少的确切结论。出现这种情况的原因是消费倾向的变化对直接挤出效应和间接挤出效应的影响是反向的。在消费者的消费倾向提高时，一方面，在既定的收入水平和消费计划中的既定信贷消费"份额"下，消费者积累首付款或积累还本付息资金的能力会得到提高，从而削弱消费信贷直接挤出非信贷消费的力度；另一方面，消费信贷对消费的间接挤出效应会随着消费者的消费倾向提高而上升。当消费者的消费倾向下降时，前述过程会以相反的形式出现。因此，消费倾向变化对挤出效应的最终影响是两种方向相反的作用相抵后的结果。尽管最终结果必然表现为"不是东风压倒西风，就是西风压倒东风"，但是这一结果在理论分析的层面上是不会出现的，只能等待在现实层面的分析中出现了。

在上述计算结果的基础上，现在令 E_k 表示挤出效应总量对消费者消费倾向的弹性系数，用以衡量弹性的大小，根据4-7式及上述计算结果，可得到 E_k 的如下表达式：

$$E_k = \lim_{\Delta k \to 0} \frac{\Delta TS}{\Delta k} \cdot \frac{k}{TS} = \frac{\partial TS}{\partial k} \cdot \frac{k}{TS}$$

$$= \left\{ \frac{\omega \varphi L}{r+k} - \alpha R \left[\sum_{j=1}^{m} (1+r)^j + \sum_{h=1}^{n} \frac{1}{(1+r)^h} \right] \right\} \cdot \frac{k}{TS} \qquad (5-12)$$

把4-7式代入该式后，即可得到 E_k 的完整的表达式。该表达式代表了当消费者的消费倾向变动百分之一时，消费信贷对消费的挤出效应总量相应变动的百分数，具体的分析结论在理论层面的分析中无法得到，但在后面的现实层面的分析中能得出相应的结论。

5.2.7　消费信贷的期限变化对挤出效应的影响

在贷款额度和贷款利率既定的情况下，贷款期限就成了决定消费者在获得信贷支持后，每期所需偿还贷款本息的决定因素。这时，实际积累付款的期限长短就成了消费者获得信贷支持前为积累首付款而挤出非信贷消费的根本决定因素。本书4.2.2中列出的4-2式表达了因消费者积累还本付息资金而每期挤出的非信贷消费额。从该式中可以看出，当消费者的收入水平、消费倾向和消费计划中信贷消费品在消费品总量中所占的份额既定时，贷款期限的长短就成了消费者在获得信贷支持后为了还本付息而每期挤出非信贷消费的根本决定因素。本书4.2.2中的分析已经表明，消费者每期需偿还的贷款本息额会随着贷款期限的延长而下降；相应地，消费者获得贷款后，消费信贷对消费的挤出额会随着贷款期限的延长而减少，甚至消失。因此，只要贷款期限足够长，不但消费者因贷后还本付息而导致的消费信贷对消费的挤出效应能消失，而且还能增强消费信贷对消费的刺激作用。然而，"有多少钱办多少事"的传统消费观念和不够成熟的负债消费观念的冲突，往往使消费者在两者之间寻求"折衷"，在接受负债消费观念并实施负债消费行为的同时，尽可能缩短负债期限，以致超过自身收入的承受能力，通过挤压非信贷消费的方式，来满足因此而增加的每期还本付息的资金需求，再加上银行对贷款期限的严格限制（如规定了贷款的最长期限、强调在规定的最长期限内贷款的到期日不得超过借款人的法定退休年龄等），使贷款后因消费者（借款人）每期还本付息而引发的对非信贷消费的挤出效应一直居高不下。这样的分析表明，在贷款的实际期限短于足以消除因消费者贷后还本付息而导致的对消费的挤出效应的情况下，贷款的实际期限越长，因消费者还本付息而挤出的每期消费额就越少，反之，则挤出的每期消费额就越多。从表面上看，似乎根据这些就可以得出贷款实际期限的变动对总挤出效应有负面影响，即总挤出效应随着贷款期限的延长而下降，随着贷款期限的缩短而上升的结论。但是，由于消费者贷后还本付息而产生对非信贷消费的挤出效应，即本息偿还效应的总量是以消费者实际得到信贷支持时的现值来衡量的，情况因此而变得复杂，这种复杂性可以在边际分析过程中得到反映。

根据 4-7 式，可得到挤出效应总量（TS）对实际贷款期限（n）的偏导数的如下表达式：

$$\frac{\partial TS}{\partial n} = -L \cdot \frac{i(1+i)^n \ln(1+i)}{[(1+i)^n - 1]^2} \cdot \sum_{h=1}^{n} \frac{1}{(1+r)^h}$$
$$+ \left[L \cdot \frac{i(1+i)^n}{(1+i)^n - 1} - \alpha kR\right] \cdot \frac{\ln(1+r)}{r(1+r)^n} \quad (5-13)$$

在这里，同样无法根据上述计算结果推断出 $\frac{\partial Ts}{\partial n}$ 大于 0 或小于 0 的确切结论。其原因在于实际贷款期限 n 的变动，能对以获得贷款时的现值表示的因消费者还本付息而形成的对非信贷消费的实际挤出额的变化，产生两种方向相反的影响：一方面，贷款期限的延长或缩短能减少或增加消费者每期所需偿还的贷款本息额度，使以消费者获得贷款时的现值表示的挤出效应下降或上升，这是贷款期限变化对挤出效应总量变化的负向作用；另一方面，贷款期限的延长或缩短，会导致贷款利息和还款次数的增加或减少，并使还款时间延长或缩短，使以消费者获得贷款时的现值表示的挤出效应上升或下降，这是贷款期限变化对挤出效应总量变化的正向作用。由此可见，贷款期限变化对挤出效应总量变化的最终影响取决于上述两种方向相反的影响对比的结果，这不但受制于贷款期限自身的变化，还受贷款利率、市场利率、消费者的收入水平、消费倾向以及消费计划中信贷消费品占消费品总量的份额等因素的影响。因此，确切的结果需留待从现实层面的分析中得出。

为了从理论上描述贷款期限变化对挤出效应总量变化的影响程度，并为后面在现实层面上的进一步分析做准备，现在令 E_n 代表贷款期限变动百分之一时，挤出效应总量相应变化的百分比，即挤出效应总量变动对贷款期限变动的弹性系数，那么，根据 4-7 式可得到 E_n 的如下简略表达式：

$$E_n = \lim_{\Delta n \to 0} \frac{\Delta TS}{\Delta n} \cdot \frac{n}{TS} = \frac{\partial TS}{\partial n} \cdot \frac{n}{TS} \tag{5-14}$$

把 4-7 式和 5-13 式代入该式后，即可得到 E_n 的完整的表达式。

5.2.8 市场利率水平对挤出效应的影响

市场利率在这里被用作贴现率和计算终值的依据，其变动对挤出效应总量变动的影响具体表现在贷前挤出效应的终值和贷后挤出效应（包括直接挤出效应和间接挤出效应）的现值会随着该市场利率的变动而变动。因此，市场利率变化对挤出效应的影响，不但出现在直接挤出效应的两个不同阶段（贷前和贷后）上，也出现在产生间接挤出效应的整个过程中，其对挤出效应总量变化的影响也因此而变得复杂。

根据 4-7 式，可得到挤出效应总量（TS）对市场利率水平（r）的偏导数的表达式如下：

$$\frac{\partial TS}{\partial r} = \left(\frac{\frac{L}{t} - L}{m} - \alpha kR \right) \cdot \frac{(1+r)^m (mr-1) + 1}{r^2}$$

$$+ \left[L \cdot \frac{i(1+i)^n}{(1+i)^n - 1} - \alpha kR \right] \cdot \frac{1 + r + nr - (1+r)^{n+1}}{r^2 (1+r)^{n+1}} + \left[-\frac{k\omega\varphi L}{(r+k)^2} \right] \quad (5-15)$$

该表达式可以分解为三个独立的组成部分，其中，第一个组成部分是 $\left(\frac{\frac{L}{t} - L}{m} - \alpha kR \right) \cdot \frac{(1+r)^m (mr-1) + 1}{r^2} = \frac{\partial DS_b}{\partial r}$，是消费者在获得信贷支持前为了积累首付款而导致的挤出效应对市场利率的偏导数；第二个组成部分是 $\left[L \cdot \frac{i(1+i)^n}{(1+i)^n - 1} - \alpha kR \right] \cdot \frac{1 + r + nr - (1+r)^{n+1}}{r^2 (1+r)^{n+1}} = \frac{\partial DS_a}{\partial r}$，是消费者在获得信贷支持后为了积累还本付息的资金而导致的挤出效应对市场利率的偏向导数；第三个组成部分是 $-\frac{k\omega\varphi L}{(r+k)^2} = \frac{\partial IS}{\partial r}$，是消费信贷替代投资信贷而导致的间接挤出效应对市场利率的偏导数。显而易见，$\frac{\partial IS}{\partial r} < 0$；在消费者因积累首付款而挤出非信贷消费的情况下，$\frac{\frac{L}{t} - L}{m} - \alpha kR > 0$，同时，由于 $m > 0$，由此可以证明 $\frac{(1+r)^m (mr-1) + 1}{r^2} > 0$，因此，$\frac{\partial DS_b}{\partial r} > 0$；同样，在消费者因每期还本付息而对非信贷消费产生挤出的情况下，$L \times \frac{i(1+i)^n}{(1+i)^n - 1} - \alpha kR > 0$，与此同时，由于 $n > 0$，由此可以证明 $\frac{1 + r + nr - (1+r)^{n+1}}{r^2 (1+r)^{n+1}} <$

0，因此，$\frac{\partial DS_a}{\partial r} < 0$。

由此可以看出，市场利率变化在消费者获得贷款前后对挤出效应有着不同的影响：在消费者获得贷款前，挤出效应总量会随着市场利率的上升而增加；而在消费者获得贷款后，无论是因消费者还本付息而产生的直接挤出效应，还是因消费信贷替代投资信贷而产生的间接挤出效应，都会随着市场利率的上升而下降。造成这一结果的原因在于：消费者获得贷款前的总挤出效应是以获得贷款时的终值来表示的，而消费者获得贷款后的总挤出效应则是以获得贷款时的现值来表示的，因而利率变化对这两个不同阶段的挤出效应的影响方向是相反的。可见，利率变化与消费信贷对消费的总体挤出效应之间没有确定的正向或负向关系，其发挥影响的最终方向取决于消费者获得贷款前后两种方向相反的影响相抵后的结果，这又受制于贷款额度及其占信贷消费品价款的比例、消费者实际积累首付款的期限、消费者的消费计划中信贷消费品占消费品总量的份额、消费者的消费倾向和收入水平、贷款期限、消费者可支配收入占当年 GDP 的比重，以及信贷投资领域的资金利用效率等一系列因素。因此，最终的结果也只能由现实层面的分析来回答。

为了从理论上描述市场利率变化对挤出效应总量变化的影响程度，并为后面在现实层面上的进一步分析做准备，现在令 E_r 代表贷款期限变动百分之一时，挤出效应总量相应变化的百分比，即挤出效应总量变动对市场利率变动的弹性系数，那么，根据 4-7 式可得到 E_r 的如下简略表达式：

$$E_r = \lim_{\Delta r \to 0} \frac{\Delta TS}{\Delta r} \cdot \frac{r}{TS} = \frac{\partial TS}{\partial r} \cdot \frac{r}{TS} \tag{5-16}$$

把 4-7 式和 5-15 式代入该式后，即可得到 E_r 的完整的表达式。

5.2.9　贷款利率水平的变化对挤出效应的影响

在调控消费市场的供求关系时,以贷款利率水平为调节手段的情况比较常见,其突出表现形式是通过调整住房按揭贷款利率来影响住房需求,进而调控房价。调整利率的主要方式为以基准利率的调整为基础,使住房贷款基础利率"水涨船高"的同时,根据不同的住房需求情况,确定不同的利率浮动幅度。这在2005年和2009年控制住房价格和2007年年底及2008年年初"保房价"的过程中表现得尤为明显。这种利率调整,旨在调节对贷款的需求,而不是为了影响这里所说的挤出效应。虽然在这一过程中,影响到了消费信贷对消费的挤出效应,但那也只是"无心插柳"而已。事实上,利率的任何变化都会影响到消费者每期所需偿付的利息,这必然会在消费者每期积累还本付息资金的能力与每期还本付息的要求之间的"缺口"上得到反映,并进一步传导到消费者为填补这一"缺口"而实施的压缩非信贷消费的行为上。这是调整消费信贷利率的必然结果,至于决策者调整住房按揭贷款利率的"初衷"——调控贷款需求并以此控制住房价格——能否实现,则值得怀疑。虽然这一点与这里所要研究的问题关系不大,但考虑到会影响到后面计算过程中变量的选择,所以有必要把它说清楚。

笔者认为,至少有以下原因会使利率调整对消费信贷的需求难以产生真正的影响:①我国消费信贷中占绝对比重的是住房按揭贷款,这类贷款的额度大,且期限长,虽然利率调高会加重消费者的利息负担,但相对于巨额的贷款本金而言,增加的利息负担是难以真正触动"满怀激情"的消费者并不敏感的资金成本这根"神经"的。例如,对于一笔金额为600 000元、期限为10年的贷款而言,在采用等额本金偿还方式的情况下,贷款期内的月平均余额为302 500元[(600 000+5 000)÷2],若贷款年利率增加一个百分点,则平均每月增加的利息负担约为252元,相对于巨额贷款本金,消费者对这一点利息增量不会有太明显的感触。利率调整体现了贷款期内的不确定性，对消费者来说这是一种风险，而风险容忍系数的表达式表明，人们对风险的承受能力与其财富量成正比。通常，贷款额度与借款人的财富规模也是正相关的，从这一意义上说，贷款额度越大，借款人容忍利率调整风险的能力就越强，利率对贷款需求的调节作用就越弱，这也许可以用来解释为什么近年来尽管房贷利率一再上调，而住房按揭贷款规模却依然维持强劲增势。②住房是生活必需品，面对不健全的住房保障制度，按揭购房已成为城镇居民解决住房问题的主要手段，在这种情况下，消费者的住房贷款需求必然失去对利率变动的敏感性。③我国消费信贷中的主要构成部分——住房贷款和汽车贷款——在贷款期内均实行可调整利率，但在计算利息时，并不考虑当年发生的利率调整，而是从下年初才开始执行新利率，这表明利率调整对当年贷款需求的影响是不充分的，在当年利率调整前的贷款需求不会受到影响；利率调整后的贷款需求受影响的程度取决于当年宣布调整利率的具体时间，如果年末宣布调整利率，则对当年的贷款需求几乎没有影响。④即使在年初宣布调整利率，对贷款需求的影响也不明显。因为住房按揭贷款在消费信贷中占有绝大比重，这类贷款期限很长，通常能横跨相邻的两个经济周期，而在相邻的两个经济周期中，利率的变动趋向是相反的，因此，消费者在整个贷款期内的总体利息负担不会因利率调整而发生明显的改变。虽然对短期消费信贷的借款人来说，利率调整所产生的影响不会被"对冲"，但因该类贷款通常额度较小，所以借款人对利息变动基本上没有敏感性。再说，这类贷款中的很大部分表现为信用卡透支形式，这种形式的消费信贷都有 20~50 天的免息还款期，消费者通常都会在免息还款期内偿还，即使过期，利率也是事先明确规定了的，不会受利率调整的影响。基于这些理由，笔者认为，在我国现实经济条件下，利率并不会影响消费信贷的规模。因此，在下面分析利率变动对挤出效应总量的影响时，就没必要把贷款额度看作利率的函数了，这就在一定程度上简化了计算和分析的手续。

根据 4-7 式，可得到挤出效应总量（TS）对贷款利率水平（i）的偏导数的如下表达式：

$$\frac{\partial Ts}{\partial i} = L \cdot \sum_{h=1}^{n} \frac{1}{(1+r)^h} \cdot \frac{(1+i)^{n-1}[(1+i)^{n+1} - (1+i) - ni]}{[(1+i)^n - 1]^2} \tag{5-17}$$

显然，$L \sum_{h=1}^{n} \frac{1}{(1+r)^h} \cdot \frac{(1+i)^{n-1}}{[(1+i)^n - 1]^2} > 0$。现在令 $Q = (1+i)^{n+1} - (1+i) - ni$，并考虑到 $i > 0$，那么 $\frac{\partial Q}{\partial i} = (n+1)[(1+i)^n - 1] > 0$。这表明 Q 在 i 的取值范围内单调增加，同时，由于 $\lim_{i \to 0} Q(i) = 0$，可推知 $\frac{\partial Ts}{\partial i} > 0$。这一结果表明：随着消费信贷利率的上升，消费信贷对消费的挤出效应总量也将上升，反之亦然。

同样，为了从理论上描述消费信贷利率变化对挤出效应总量变化的影响程度，并为后面在现实层面上的进一步分析做准备，现在令 E_i 代表贷款利率变动百分之一时，挤出效应总量相应变动的百分比，即挤出效应总量变动对贷款利率变动的弹性系数，那么，根据4-7式可得到 E_i 的如下简略表达式：

$$E_i = \lim_{\Delta i \to 0} \frac{\Delta TS}{\Delta i} \cdot \frac{i}{TS} = \frac{\partial TS}{\partial i} \cdot \frac{i}{TS} \tag{5-18}$$

把4-7式和5-17式代入该式后，即可得到 E_i 的完整表达式。

5.2.10 消费者收入水平占当年GDP的比重对挤出效应的影响

消费者收入水平占当年GDP的比重对挤出效应总量的影响主要体现在对间接挤出效应的影响上。本书3.2和4.3.2的分析已表明，消费信贷替代投资信贷以后，投资的相对减少会在当年GDP的相对减少上得到相应的体现，而GDP的相对减少必然会传导到当年消费者的收入水平上，并进一步在消费者的消费行为和消费额度上得到反映。因此，当年消费者收入水平与 GDP 之间的比例关系是影响消费信贷对消费的间接挤出效应的重要因素。根据 4-7 式，得到挤出效应总量（TS）对消费者当年收入水平占当年 GDP 比重（ω）的偏导数的如下表达式：

$$\frac{\partial TS}{\partial \omega} = \frac{k\varphi L}{r+k} \qquad (5-19)$$

显然，$\frac{\partial TS}{\partial \omega} > 0$，这表明：随着消费者收入水平占当年 GDP 的比重的上升，消费信贷对消费的挤出效应会扩大。也就是说，消费信贷对消费的挤出效应与国民收入分配时向个人倾斜的力度正相关。至于两者之间的关联度有多强，则可借助于挤出效应总量对消费者收入水平占当年 GDP 的比重的弹性系数来反映。若令 E_ω 代表这一弹性系数，则可根据 4-7 式和上述计算结果得到 E_ω 的如下表达式：

$$E_\omega = \lim_{\Delta\omega \to 0} \frac{\Delta TS}{\Delta \omega} \cdot \frac{\omega}{TS} = \frac{\partial TS}{\partial \omega} \cdot \frac{\omega}{TS} = \frac{k\varphi L}{r+k} \cdot \frac{\omega}{TS} \qquad (5-20)$$

把 4-7 式代入该式后，即可得到 E_ω 的具体表达式。在此基础上，根据现实层面的分析，即可对消费者收入水平占当年 GDP 的比重影响挤出效应总量的程度作出具体判断。

5.2.11　信贷投资领域资金利用效率对挤出效应的影响

信贷投资领域的资金利用率是通过影响消费信贷对消费的间接挤出效应进而影响挤出效应总量的又一个重要因素。消费信贷替代投资信贷后，在使 GDP 因投资减少而减少的同时，因消费增加而增加，如果前者减少的数额大于后者增加的数额，则在消费者可支配收入占 GDP 的比重和消费者的消费倾向既定的情况下，导致消费信贷对消费的间接挤出效应中的绝对挤出，反之，则导致消费信贷对消费的间接挤出效应中的相对挤出。具体出现哪种结果，则受制于消费信贷资金和投资信贷资金各自运用领域的资金利用效率。因此，信贷投资领域资金利用效率的变化不但影响着挤出效应总量的变化，就推动经济增长而言，还影响着消费信贷替代投资信贷的合理性。就信贷投资领域资金利用效率对挤出效应总量的影响而言，挤出效应总量会随着信贷投资领域资金利用效率的提高而上升，这一结论可以从边际分析结果中得出。

根据4-7式，可得到挤出效应总量（TS）对信贷投资领域资金利用效率（φ）的偏导数的如下表达式：

$$\frac{\partial TS}{\partial \varphi} = \frac{k\omega L}{r+k} \tag{5-21}$$

显然，$\frac{\partial TS}{\partial \varphi} > 0$。至于信贷投资领域资金利用效率的变动对挤出效应总量变动的影响程度如何，则可通过分析挤出效应总量对投资领域资金利用效率的弹性系数来作出判断。若令 E_φ 代表这一弹性系数，则可根据4-7式和上述计算结果得到 E_φ 的如下表达式：

$$E_\varphi = \lim_{\Delta\varphi \to 0} \frac{\Delta TS}{\Delta \varphi} \cdot \frac{\varphi}{TS} = \frac{\partial TS}{\partial \varphi} \cdot \frac{\varphi}{TS} = \frac{k\omega L}{r+k} \cdot \frac{\varphi}{TS} \tag{5-22}$$

把4-7式代入该式后，即可得到 E_φ 的具体表达式。在此基础上，再根据即将进行的现实层面的分析，就可对信贷投资领域的资金利用效率影响挤出效应总量的程度作出具体判断。

5.3 现实层面的分析

前面已在理论层面上借助于边际分析和弹性分析的方法，对各因素影响挤出效应总量的方向和程度作了一般分析。由于一般分析本身的局限性，在关于各因素影响挤出效应总量的方向这一问题上，除了贷款规模、贷款额度占信贷消费品价款的比例、消费计划中信贷消费品占消费品总量的份额、用信贷方式实现消费目标的消费者的收入水平、贷款利率水平、消费者收入占当年 GDP 的比重、信贷投资领域的资金利用效率以外，其他因素的影响方向均无法确定，需借助于现实层面的分析来确定；至于各因素影响挤出效应总量的程度，则在理论层面的一般分析中均无法得出结论，所作的分析仅仅起到了为现实层面的分析做准备的作用。因此，要得出各因素影响挤出效应总量的具体结论，就必须在现实层面上作具体分析。

5.3.1 影响挤出效应总量的各因素在现实中的具体表现

为了从现实层面上具体分析各因素影响消费信贷对消费的挤出效应总量的方向和程度，必须先确定各影响因素在现实中的具体表现。对此，笔者根据国家统计局和中国人民银行公布的相关数据，并结合自身的实地抽样调查以及分析推断，来描述各影响因素在现实中的具体表现。同时，考虑到我国目前的消费信贷业务的服务对象主要是城镇居民，因此，在描述各因素的具体表现时，主要立足于城镇居民的相关资料。另外，鉴于国家统计局相关统计数据公布时间的滞后性，笔者出于对相关数据的可获得性的考虑，这里以2014年的数据作为分析的基本依据。

（1）消费信贷规模

根据中国人民银行公布的统计数据，截至2014年年末，我国的消费贷款总额为153 659.68亿元，比上年末增加23 938.66亿元。其中，中长期消费贷款余额121 168.95亿元，比上年末增加18 005.87亿元[1]。由于挤出消费主要是期限相对较长、额度较大的中长期消费信贷，因此，在确定作为分析依据的消费信贷规模时，立足于中长期消费贷款，而对额度较小、消费贷款总额中所占比重也较小的短期消费贷款则予以

---

[1] 数据根据中国人民银行《金融机构人民币信贷收支表》（2013—2014）的相关数据整理后得到。

忽略，这样做有利于简化分析手续，同时不会对分析结果产生明显地影响。另外，消费贷款的余额是逐年累计出来的，能对消费产生新的挤出效应的只是其中的增量部分，所以能作为分析依据的消费贷款规模不应以其余额来表示，而应以其当期的增量来表示。基于这样的思考，这里把 2014 年度新增加的中长期消费贷款额度（即人民币 18 005.87 亿元）作为分析挤出效应时所依据的贷款规模。

（2）贷款额度占信贷消费品价款的比例

贷款额度占信贷消费品价款的比例是与首付款比例密切相关的指标，两者是对同一问题的不同表现形式。根据近年来消费信贷的实践，首付款比例虽然随着调控要求的不同而有所波动，但通常都保持在 30% 左右，即贷款额度占信贷消费品价款的比例通常维持在 70% 左右。因此，在本书中，把这一指标值作为分析的依据。

（3）消费者实际积累首付款的期限

关于消费者实际积累首付款的期限，并无可供直接利用的统计资料，要了解这一实际情况，唯一的方法就是实地调查。为此，笔者专门在江苏无锡、南京、扬州、盐城和徐州五个城市，对贷款消费者进行了随机访问，考虑到中长期消费信贷的主体是住房贷款和汽车贷款，访问地点集中在房地产开发商的售楼部和汽车 4S 店，共计访问了贷款购房者 270 人，贷款购者车者 30 人。依据消费者回答的从作出信贷消费决策到具体实施信贷消费行为的时间，再根据其原有的储蓄中可用于支付首付款的金额，将消费者自述的作出信贷消费决策的时间适当前移后，得出每个消费者积累首付款的具体时间。在此基础上，以每个消费者所需支付的首付款作为权数，计算出消费者积累首付款的加权平均期限为 2.62 年。为了便于计算并增强分析结果的可信度，笔者在前述调查和测算的基础上，作了较为保守的估计，在具体分析时，把消费者积累首付款的期限确定为 3 年。

（4）消费者的消费计划中信贷消费品占消费品总量的份额

从表面上看，消费计划中信贷消费品占消费品总量的份额是由制订消费计划的消费者自主决定的，但正如本书 5.2.4 中所强调的那样，决定这一份额的除了消费者自身以外,还有一个重要的因素,那就是消费信贷的覆盖面。一旦对某一消费品的消费能获得信贷支持,消费者在消费时通常就会借助于信贷方式(当然,并不是所有消费者在消费某一商品时都借助于信贷方式,那是因为有些消费者在消费这一商品时不存在流动性约束,不需要借助于信贷方式,因而就不在本书所研究的范围之内了)。因此,就消费者总体而言,在确定消费计划中信贷消费品占消费品总量的份额时,真正起决定作用的并非消费者自身,而是消费信贷的可获得性。鉴于这一现实,在从现实层面上分析各因素对挤出效应总量变动的具体影响时,可以用消费者当年以信贷方式实现的消费额占当年居民消费支出总额的比重来代替消费计划中信贷消费品占消费品总量的份额。根据中国人民银行公布的统计资料,2014年度新增的消费信贷额度为23 938.66亿元[1],在贷款比例为70%时,可实现的信贷消费额约为34 198.08亿元(23 938.66÷0.70≈34 198.08),另外,根据国家统计局公布的数据,2014年度城镇居民消费支出总额为188 353.40亿元。据此,就可以计算出2014年度借助于信贷方式实现的消费占当年城镇居民消费支出总额的比重(即消费计划中信贷消费品在消费品总量中所占的份额的替代指标)约为18.16%(34 198.08÷188 353.40≈18.16%)。

(5)用信贷方式实现消费目标的消费者的收入水平

国家统计局已经公布了2014年城镇居民的人均可支配收入及年末人口数,从表面上看,把两者相乘即可得到城镇居民的可支配收入总额。但是,根据对国家统计局在以前各年中公布的城镇居民消费支出总额和人均消费支出总额的分析,发现城镇居民的消费支出总额并非人口数与人均消费支出总额的乘积,事实是,国家统计局公布的城镇居民消费支出总额远超过两者的乘积。这一现象表明,人口数和人均消费支出的统计口径是不一致的。同时,国家统计局对统计指标的相关解释表明,城镇居民的人均可支配收入和农村居民人均纯收入的统计口径与人均消费支出的统计口径是一致的。鉴于这一事实,为了保持计算口径的

---

[1] 根据中国人民银行《金融机构人民币信贷收支表》(2014—2015)计算得到。

一致性，在计算城镇居民可支配收入总额时，就不能简单地采用把人均数与人口数相乘的方法，而只能根据国家统计局公布的城镇居民消费支出总额及人均消费支出额，推算出纳入统计口径的人口数，再乘以相应的人均消费支出而得到。在本书2.3的分析中所利用的消费者的收入数据就是这样得来的，其中2014年城镇居民可支配收入总额为277 062.83亿元①。但是，这一指标并不能直接作为分析的依据，因为这里所说的消费者的收入水平是指以信贷方式实现消费目标的消费者的收入水平。这就引出了一个问题，那就是在当年城镇居民可支配的收入总额中，有多少归属于当年用信贷方式实现消费目标的消费者，这才是可以用作分析依据的数据。为此，必须先得到以信贷方式实现消费目标的消费者在城镇居民总数中所占的比例。由于没有直接的统计数据，这一比例也只能通过推算的方式获得。国家统计局公布的《2014年国民经济和社会发展统计公报》显示，2014年年末城镇居民总数为749 160 000人，而中国人民银行在2009年的统计数据显示，当年发放的个人住房贷款累计支持消费者购买住房707.10万套②（这一指标是推算以信贷方式实现消费目标的消费者在城镇居民总数中所占的比例的重要依据，可惜的是，在随后的几年中，无论是中国人民银行还是国家统计局，都没有再公布同类数据，在这种情况下，为了算出2014年以信贷方式实现消费目标的消费者在城镇居民总数中所占的比重，就只能依据2009年和2014年各自的住房贷款余额增量，并结合2009至2014年期间住房价格的上涨幅度，对该指标在2014年的数值作出推算），2009年个人住房贷款余额的增量为14 200亿元③，2014年度个人住房贷款余额的

---

① 数据根据《中国统计年鉴》(2015)的有关数据计算得到。
② 数据来源于中国人民银行网站公布的《2009年中国区域金融运行报告》。
③ 数据根据中国人民银行网站公布的《2009年中国区域金融运行报告》和《2008年第四季度货币政策执行报告》以及《新京报》2009年2月24日的报道《2008年个人住房贷款同比增长10.5%》中披露的数据计算得到。前述资料中披露的2008年和2009年的住房贷款余额分别为2.98万亿元和4.4万亿元。

增量为 16 000 亿元①，2009—2014 年间住宅商品房平均销售价格的涨幅为 33.06%②。根据这些数据，可推测出 2014 年度通过信贷方式满足住房消费需求的户数大约为 598.78 万户（707.10×[（16 000÷1.330 6）÷14 200]≈598.78）。该指标值远低于 2009 年的水平，原因主要在于受宏观经济环境和调控住房价格的一系列政策措施的影响，居民的购房需求大幅度下降，房地产业在 2014 年度正遭遇前所未有的"寒冬"。现在按每套一户，每户 3 人计算，可得到 2014 年度用信贷方式实现住房消费目标的消费者人数占城镇居民总数的比重约为 2.40%（5 987 800×3÷749 160 000≈2.40%）。与此同时，中国人民银行的有关统计数据显示，2014 年末全国中外资金融机构人民币个人住房贷款余额为 106 000 亿元③，占消费贷款总额的比重约为 68.98%（106 000÷153 659.68≈68.98%，其中 153 659.68 亿元为当年的消费信贷余额）。由此可以推算出 2014 年度以信贷方式实现消费目标的消费者占城镇居民总数的比重约为 4.29%（2.40%÷68.98%≈3.48%）。根据前述分析结果，可以测算出 2009 年度以信贷方式实现消费目标的消费者的收入总额大约为 9 641.79 亿元（277 062.83×3.489%≈9 641.79）。

（6）消费者的消费倾向

在这里，拟把城镇居民的平均消费倾向作为分析的依据。城镇居民的平均消费倾向是其消费支出总额与其可支配收入总额之比。前面已经对 2014 年度城镇居民的消费支出总额和可支配收入总额作了估算（详见本书 2.3.1 的表 2-5），据此，可以得出当年城镇居民的平均消费倾向约为 68%（188 353.40÷277 062.83≈68%）。

---

① 数据根据中国人民银行货币政策分析小组《2013 年中国区域金融运行报告》和《2014 年中国区域金融运行报告》中披露的数据计算得到。前述资料中披露的 2013 年和 2014 年的住房贷款余额分别为 9.0 万亿元和 10.6 万亿元。

② 国家统计局网站公布的数据显示：2009 年和 2014 年全国每平方米住宅商品房的销售价格分别为 4 459 元和 5 933 元，文中的住宅商品房销售价格的涨幅系根据前述数据计算得到。

③ 数据来源于中国人民银行货币政策分析小组的《2014 年中国区域金融运行报告》。

(7) 消费信贷的期限

不同的消费贷款在期限上有一定的差异，因此，在具体分析各因素对挤出效应总量的影响时，只能把贷款的平均期限作为分析的依据。每笔消费贷款的具体期限取决于银行的规定和消费者的选择，目前并无公开发布的有关消费信贷具体期限的统计资料，因此，要了解中长期消费信贷的平均期限，唯一可行的办法就是抽样调查。为此，笔者通过分类抽样，在江苏省无锡、扬州、盐城和徐州四个城市随机抽取了2004—2014年发放的200笔中长期消费贷款，对这200笔贷款的协议期限用贷款额度进行加权平均，得到平均协议期限为14.8年，因少数借款人提前还款，实际的平均贷款期限为14.4年。为便于计算，同时也为了对挤出效应作较为保守的估计，以便增强估计结果的可靠性，在这里，把中长期消费信贷的平均期限定为15年。

(8) 市场利率水平

在这里，市场利率将被用于计算每期消费信贷对消费的挤出效应的现值或终值，这个现值或终值反映了在资金的时间价值原理的作用下，消费信贷活动对消费者实际消费的影响，是根据消费者的利益来计算的，因此，必须选择一个能反映消费者的切身利益，并能较好地体现风险与收益关系的市场化收益率来代替市场利率。虽然目前我国与消费者切身利益紧密相关的存款利率的市场化进程不断加快，成效非常显著，人民银行已经放开了存款利率的上限，但由于对活期储蓄和一年以内（含）的定期储蓄依然保留了基准利率的1.5倍这一上限，与完全意义上的市场利率还有一步之遥，因而在现实经济条件下，相较于存款利率而言，银行理财产品的收益率更能反映消费者的切身利益，并能更好地体现风险与收益的关系，用其代表市场利率更具合理性，因此，笔者选择理财产品的平均年化收益率来代表市场利率。中国银行业协会于2015年5月22日发布的《2014年中国银行业理财业务发展报告》显示，2014年银行理财产品收益率均值为5.13%，该指标值将被用作在现实层面上分析各因素对挤出效应总量的影响作用的依据之一。

(9) 贷款利率水平

根据规定，实际执行的贷款利率水平可在一定的幅度内浮动。在以住房贷款和汽车贷款为主体的中长期消费信贷中，汽车贷款利率一般会上浮，而在前几年调控住房价格的背景下，住房贷款利率下浮的范围会受到更多的限制，同时为了遏制住房投机行为，对两套以上住房的贷款利率已在一定程度和范围内采取了上浮措施。鉴于这样的背景，并考虑到利率变动趋势，把五年期以上贷款的基准利率作为贷款平均利率水平，用以分析各因素对挤出效应总量的影响，应该是较为合适的。由于在作现实层面分析时，出于对数据可获得性的考虑，统一使用 2014 年度的数据。而根据中国人民银行的在 2014 年 11 月 21 日的决定，自 2014 年 11 月 22 日起，五年期以上贷款的基准年利率统一调整为 6.15%，因此笔者在现实层面上分析我国消费信贷对消费的挤出效应时，将使用该指标值。

(10) 消费者收入水平占当年 GDP 的比重

消费者收入水平占当年 GDP 的比重所影响的主要是消费信贷对消费的间接挤出效应。因消费信贷替代投资信贷而减少的居民收入，不仅包括城镇居民可支配收入，还包括农村居民的纯收入。因此，消费者收入水平占当年 GDP 的比重是指农村居民纯收入和城镇居民可支配收入的总额在当年 GDP 中所占的比重。在本书的 2.3.1 中已经估算出了 2014 年度城镇居民的可支配收入总额约为 277 062.83 亿元，农村居民的纯收入总额约为 64 396.92 亿元。另外，国家统计局公开发布的统计数据显示，2014 年的国内生产总值（GDP）为 636 138.70 亿元[①]。据此，可以计算出 2014 年消费者收入水平占当年 GDP 的比重约为 53.68% [(277 062.83+64 396.92)÷636 138.7≈53.68%]。

(11) 投资领域的资金利用效率

参照"加速数原理"，现在以 GDP 来代表产出，则可以得到当年投资信贷的增加额与当年产出增加额之比（V）的如下表达式：

---

① 数据来源于《中国统计年鉴》(2015)。

$$V = \frac{L}{GDP_t - GDP_{t-1}}$$

根据中国人民银行和国家统计局公布的统计数据，2014 年各类金融机构在我国境内投资信贷的增加额为 73 753.98 亿元，2014 年的 GDP 为 636 138.7 亿元，较 2013 年增加 48 119.90 亿元。[①] 据此，可知 2014 年投资信贷的增加额与当年产出增加额之比为 1.53（73 753.98÷48 119.90≈1.532 7），信贷投资领域的资金利用率（即当年投资信贷的增加额与当年产出增加额之比的倒数）约为 65.24%。

前面已描述了挤出效应总量的各个影响因素在现实中的具体表现，接下来的任务就依据这些因素的具体表现，来分析其对挤出效应总量的具体影响了。为了便于分析，现把这些因素的现实表现集中在表 5-1 中反映。

表 5-1 影响消费信贷对消费的挤出效应总量的各因素的现实表现

序号	影响挤出效应总量的因素	数值及单位
1	消费信贷规模（L）	18 005.87 亿元
2	贷款额度占信贷消费品价款的比例（t）	70%
3	消费者实际积累首付款的期限（m）	3 年
4	消费计划中信贷消费品所占的份额（α）	13.16%
5	用信贷方式实现消费目标的消费者的收入水平（R）	9 641.79 亿元
6	消费者的消费倾向（k）	68%
7	消费信贷的期限（n）	15 年
8	市场利率水平（r）	年利率 5.13%
9	贷款利率水平（i）	年利率 6.15%
10	消费者收入水平占当年 GDP 的比重（ω）	53.68%
11	投资领域的资金利用效率（φ）	65.24%

数据来源：根据前面的分析结果整理得到。

① 数据根据中国人民银行《金融机构人民币信贷收支表（按部门）》（2013—2014）和《中国统计年鉴》（2015）中公布的数据整理和计算后得到。

5.3.2 各因素对挤出效应总量的具体影响

上面已对影响消费信贷的消费挤出效应总量的各个因素在现实中的表现作了具体的分析和描述，在此基础上，就可以分析这些因素对挤出效应总量的具体影响（包括影响方向和影响程度）了。为了便于分析，现在先根据各因素的具体表现计算出现实经济条件下（立足于 2014 年的数据），消费信贷对消费的挤出效应总量。把表 5-1 中的各项数据代入 4-7 式，即可得出挤出效应总量（TS）的具体数值（计算结果精确到小数点后第二位）。

$$TS = DS + IS$$

$$= \left(\frac{\frac{L}{t}-L}{m} - \alpha kR\right) \cdot \sum_{j=1}^{m}(1+r)^j + \left[L \times \frac{i(1+i)^n}{(1+i)^n-1} - \alpha kR\right] \cdot \sum_{h=1}^{n}\frac{1}{(1+r)^h} + \frac{k\omega\varphi L}{r+k}$$

$$= \left(\frac{\frac{18\,005.87}{0.7}-18\,005.87}{3} - 0.181\,6\times0.68\times9\,641.79\right) \cdot \sum_{j=1}^{3}(1+0.051\,3)^j$$

$$+ \left[18\,005.87\times\frac{0.061\,5\times(1+0.061\,5)^{15}}{(1+0.061\,5)^{15}-1} - 0.181\,6\times0.68\times9\,641.79\right]$$

$$\cdot \sum_{h=1}^{15}\frac{1}{(1+0.051\,3)^h} + \frac{0.68\times0.536\,8\times0.652\,4\times18\,005.87}{0.051\,3+0.68}$$

$$\approx 4\,584.22 + 7\,012.04 + 5\,863.46$$

$$\approx 17\,459.72(亿元)$$

上述计算结果显示，消费信贷在 2014 年度挤出的消费总量约为 17 459.72 亿元，其中直接挤出的消费约为 11 596.26 亿元（因积累首付款而挤出的消费约为 4 584.22 亿元，因还本付息而挤出的消费约为 7 012.04 亿元），间接挤出的消费（即因消费信贷替代投资信贷而挤出的消费）约为 5 863.46 亿元。把这一计算结果和表 5-1 中的相关数据代入 5-1 式至 5-22 式，则可得到挤出效应总量对各因素的偏导数和弹性系数。在此基础上，就可以对现实经济条件下各因素对挤出效应总量的具体影响作出判断了。为了便于分析和判断，现在把挤出效应总量对各影响因素的偏导数和弹性系数的具体计算结果列示在表 5-2 中。

表 5-2　挤出效应总量对各影响因素的偏导数和弹性系数

影 响 因 素	偏 导 数	弹 性 系 数
消费信贷规模（L）	1.87	1.93
贷款额度占信贷消费品价款的比例（t）	−40 641.82	−1.63
消费者实际积累首付款的期限（m）	−1 199.14	−0.21
消费计划中信贷消费品所占的份额（α）	−89 213.82	−0.93
用信贷方式实现消费目标的消费者的收入水平（R）	$-2.47[k'(R)R+0.68]$	$-1.36[k'(R)R+0.68]$
消费者的消费倾向（k）	−15 202.61	−0.59
消费信贷的期限（n）	−480.48	−0.413
市场利率水平（r）	−22 706.45	−0.07
贷款利率水平（i）	125 226.76	0.44
消费者收入水平占当年 GDP 的比重（ω）	10 922.99	0.34
信贷投资领域的资金利用效率（φ）	8 987.52	0.34

数据来源：根据前面的分析结果计算得到。

在表 5-2 所列示出的计算结果中可以看出，在现实经济条件（以 2014 年为例）下，消费信贷规模（即当期中长期消费信贷增加额）、贷款利率水平、消费者收入水平占当年 GDP 的比重以及信贷投资领域的资金利用效率与消费信贷对消费的挤出效应总量之间存在正向变动关系（其中用信贷方式实现消费目标的消费者的收入水平与挤出效应总量之间的负向变动关系在本书 5.2.5 部分已作了解释），即随着这些指标的上升，消费信贷对消费的挤出效应总量将随之而上升，反之亦然；贷款额度占信贷消费品价款的比例、消费者实际积累首付款的期限、消费计划中信贷消费品占消费品总量的份额、用信贷方式实现消费目标的消费者的收入水平、消费者的消费倾向、消费信贷的期限以及市场利率水平等影响因素与消费信贷对消费的挤出效应总量之间存在负向变动关系，即随着这些指标的上升，消费信贷对消费的挤出效应总量将随之而下降，反之亦然。同时，前面在理论层面上的分析已经表明，消费信贷规模、贷款利率水平、消费者收入水平占当年 GDP 的比重以及信贷投资领域的资金利用效率，不但在现实经济条件下，而且在任何情况下都与挤出效应总量之间存在正向变动关系，其中，消费者收入水平占当年 GDP 的比重和信贷投资领域的资金利用效率这两个指标的变动所影响的只是间接挤出效应；同样，贷款额度占信贷消费品价款的比例、消费者的消费计划中信贷消费品占消费品总量的份额、用信贷方式实现消费目标的消费者的收入水平，不但在现实经济条件下，而且在任何情况下，都能呈现出与挤出效应总量之间的反向变动关系。至于其他因素在这里所呈现的与挤出效应总量之间的正向或反向变动关系，则是在特定经济条件下的具体表现而已，从理论上说，在另一种经济条件下，两者之间的关系可能会有相反的表现，只不过在我国实行刺激消费政策以来的不同年份中，两者之间的关系基本上只有量的变化，而无质的改变。

  从表 5-2 中列出的挤出效应总量对各影响因素的弹性系数中可以进一步看出，挤出效应总量对消费信贷规模、贷款额度占信贷消费品价款的比例非常敏感。其中，消费信贷规模变动 1%，可以引起挤出效应总量同向变动 1.93% 左右；贷款额度占信贷消费品价款的比例变动 1%，可以引起挤出效应总量产生 1.63% 左右的反向变动。消费计划中信贷消费品所占的份额的变动对挤出效应总量的影响比较明显，弹性系数表明，当该份额增减 1% 时，可以引起挤出效应总量产生 0.93% 左右的反向变动。在其他因素中，除了用信贷方式实现消费目标的消费者的收入水平外，弹性系数均表明挤出效应总量对这些因素的变动不够敏感，这些因素的指标值变动 1% 时，所引起的挤出效应总量的变动远低于 1%。

其中最不敏感的因素是市场利率水平、消费者实际积累首付款的期限、消费者收入水平占当年 GDP 的比重以及信贷投资领域的资金利用效率。市场利率水平变动 1%，只能引起挤出效应总量反向变动 0.07%，单纯从这一相对数来看，几乎是微不足道。出现这种状况的主要原因在于市场利率对挤出效应总量的变动具有双重影响，它的上升或下降既能使以消费者获得信贷支持时的终值表示的因积累首付款而对消费产生的挤出效应上升或下降，又能使以此时的现值表示的因消费者积累还本付息资金而对消费产生的挤出效应下降或上升。消费者实际积累首付款的期限变动 1%，只能引起挤出效应总量反向变动 0.21%，主要原因是在因积累首付款而挤出消费的情况下，积累首付款的实际期限延长虽可使每期发生的挤出效应下降，但会增大以消费者获得信贷支持时的终值表示的因积累首付款而发生的挤出效应总量。消费者收入水平占当年 GDP 的比重以及信贷投资领域的资金利用效率每变动 1%，均只能引起挤出效应总量产生 0.34%左右的同向变动。此外，消费者的消费倾向、消费信贷的期限和贷款利率水平变动 1%，分别可以引起挤出效应总量同向或反向变动 0.59%、0.413%和 0.44%左右。其中，消费信贷期限变动对挤出效应总量变动的影响程度是在其引起的两种方向相反的影响相抵以后的结果。一方面，消费信贷期限的延长会减少每期因积累还本付息资金而导致的挤出效应；另一方面又会使以消费者获得信贷支持时的现值表示的挤出效应上升。这两种方向相反的影响决定了挤出效应总量对消费信贷期限的变动不会太敏感。挤出效应总量对这些因素的变动虽然不够敏感。但是，相对于最不敏感的因素而言，这些因素对挤出效应总量的影响程度已经很明显了。因此，在调控消费信贷的效应时，不能忽视这些因素的作用。需要强调的是，尽管挤出效应总量对消费者实际积累首付款的期限和消费信贷期限的变动均不够敏感，但这两个因素是决定消费信贷对消费的直接挤出效应的根本因素。在理论层面的分析中已经表明，只要这两个期限足够长，消费信贷对消费的直接挤出效应也就不存在了。因此，在调控消费信贷的效应时，仍然不能降低这两个因素在调控过程中应受的关注度。

从表 5-2 中可以看出，依然无法判断挤出效应总量对以信贷方式实现消费目标的消费者的收入水平的弹性系数的绝对值是否大于 1，因为不知道 $k(R)$ 的具体表达式，因而也就无法得出 $k'(R)$ 的具体数值。但是，根据国家统计局公布的 2013 年城镇居民人均消费支出和人均可支配收入的数据，可计算出该年城镇居民的平均消费倾向约为 68.51%，[①]而前面已经推算出 2014 年城镇居民的平均消费倾向约为 68%，同时，根据国家统计局公布的数据推算出的城镇居民 2013 年的可支配收入总额约为 248 256.47 亿元，2014 年城镇居民可支配收入总额约为 277 062.83 亿元（具体见表 2-5），据此，可以粗略地推算出 $k'(R) = \dfrac{0.68 - 0.685\ 1}{277\ 062.83 - 248\ 256.47} \approx 0^{-}$，即在数轴上表现为 $k'(R)$ 从左侧接近于 0。因此，$E_R = -1.36[k'(R)R + 0.68] \approx -0.925$。这表明，消费者的收入水平的变动对挤出效应总量变动的影响比较明显，消费者收入水平变动 1% 时，会引起挤出效应总量反向变动 0.925% 左右。因此，在现实经济条件下，这一因素同样是影响挤出效应总量变动的主要因素。

另外需要强调的是，在分析各因素对挤出效应总量变动的影响时，只有把绝对数分析和相对数分析结合起来，才能得出客观的结论。由于在上述影响因素中，除了消费信贷规模、消费者实际积累首付款的期限、用信贷方式实现消费目标的消费者的收入水平以及消费信贷的期限以外，其他各个影响因素都是以百分数表示的，若从相对数角度来考察其百分之一的变动，可以发现变动的幅度是很小的，但因挤出效应本身的基数很大（2014 年的挤出效应总量约为 17 459.72 亿元），若从绝对数角度来考察其百分之一的变动，可以发现变动的幅度是很大的。因此，即使弹性分析结果表明挤出效应总量对某一影响因素的变动很不敏感，该影响因素的细微变动也可能会引起挤出效应总量的巨额上升或下降，对消费信贷的最终效应产生重大影响，因而在调控消费信贷效应的

[①] 2013 年城镇居民人均消费支出 18 467.50 元，人均可支配收入 26 955.10 元（具体见表 2-2），平均消费倾向为两者相除得到的商。

过程中,绝对不能忽视这类因素。例如,依据前面的计算结果,市场利率水平变动1%,只能引起挤出效应的总量反向变动0.07%,但由于分析期的市场利率水平为5.13%,而同期的挤出效应总量为17 459.72亿元,若从绝对数角度考察,则意味着市场利率上升或下降0.051 3个百分点(5.13×1%=0.051 3),即可使挤出效应的总量减少或增加的数额高达12.22亿元(17 459.72×0.07%≈12.22)。根据同样的分析方法,可计算出其他各个因素变动百分之一的绝对值及其所引起的挤出效应变动的绝对值,具体计算结果如表5-3所示。

表5-3　　各影响因素变动1%所引起的挤出效应变动额

影响因素	分析期的表现值	弹性系数	变动1%的绝对值	挤出效应变动的绝对值(亿元)	变动方向
L	18 005.87亿元	1.93	180.06亿元	336.97	正向
t	70%	-1.63	0.70%	284.59	反向
m	3年	-0.21	11天	36.67	反向
α	18.16%	-0.93	0.18%%	162.38	反向
R	9 641.79亿元	-0.925	96.42亿元	161.50	反向
k	68%	-0.59	0.68%	103.01	反向
n	15年	-0.413	54天	72.11	反向
r	5.13%	-0.07	0.05%	12.22	反向
i	6.15%	0.44	0.06%	76.82	正向
ω	53.68%	0.34	0.54%	59.36	正向
φ	65.24%	0.34	0.65%	59.36	正向

数据来源:根据前面的分析结果计算得到。

综上所述,无论是直接挤出效应还是间接挤出效应,都受到众多的因素在不同方向和不同程度上的影响,并最终在挤出效应总量的变动上反映出来。在这些影响因素中,消费信贷的规模、贷款额度占信贷消费品价款的比例、消费者的消费计划中信贷消费品占消费品总量的份额,以及以信贷方式实现消费目标的消费者的收入水平,是现实经济条件下引起挤出效应总量变动的主要因素,因而也理所当然地成为调控消费信贷效应时的主要关注点。同时，鉴于消费者积累首付款的实际期限和消费信贷的期限在形成直接挤出效应过程中的特殊地位，这两个因素在调控消费信贷效应过程中的关注度也不应降低。至于其他因素，虽然对挤出效应总量变动的影响不显著，但对其变动所产生的影响作用（尤其是消费者的消费倾向的作用）仍须给予应有的关注，特别是在对主要影响因素无法有效地控制或控制力度难以把握时，通过引导或直接控制次要影响因素的变化，以发挥"微调"的作用，也不失为合理发挥消费信贷作用的有效举措。

6 挤出效应对消费信贷功能的影响及经济新常态下的合理选择

研究消费信贷对消费的挤出效应，旨在合理发挥消费信贷的功能。但是，正确认识消费信贷对消费的挤出效应，仅仅是有效发挥消费信贷功能的必要条件，除此之外，还必须在从一般意义上正确认识消费信贷功能的同时，结合具体经济条件，对消费信贷的功能进行正确定位，在此基础上，才能通过对消费信贷的消费刺激效应和消费挤出效应的合理组合和正确运用，使消费信贷的功能得到有效的发挥。因此，本部分试图在对消费信贷的功能作出合理界定的基础上，具体分析挤出效应对有效发挥消费信贷功能的影响，并依据从前面的分析中得到的启示，结合新常态下经济发展和宏观调控的客观要求，提出有效发挥消费信贷功能的相关政策建议。

6.1 对消费信贷功能的认识

消费信贷业务是在特定的经济背景之下出现的，因而人们对消费信贷功能的认识必然会被打上深深的时代"烙印"。但是，时代的变迁，经济发展和金融活动内容的日益丰富，又要求人们对消费信贷的功能作出新的认识，这既是经济活动中理论先行的需要，同时也是总结实践经验的需要。

6.1.1 对消费信贷功能的传统认识

自从消费信贷业务产生以来，人们一直以"消费信贷能刺激消费增长"来概括消费信贷的功能，尽管人们在评价这一功能的同时，也提到了诸如"易造成市场的虚假需求，并容易引发通货膨胀"等负面影响，但这些负面影响的发挥都是以"刺激消费"这一功能为基础的。

人们产生对消费信贷功能的这一认识，有着相应的理论支撑，那就是学者们在认定"理性预期—持久收入"理论与现实存在偏差的基础上，提出的"流动性约束"和"预防性储蓄"理论。该理论认为，消费信贷能够突破人们面临的流动性约束，从而削弱人们的预防性储蓄动机，因而能够增加即期消费。在这一理论的影响下，消费信贷的刺激消费功能得到了人们的认可，也促使了消费信贷在整个商业银行信贷业务中的地位逐渐上升。同时，在实践层面上，消费信贷的功能也得到了进一步的认证。例如，美林公司在 1997—1998 年财政年度的一项统计表明，只要有一个相对发达的信贷制度，不管人们现期收入多少，只要作出了消费决策，人们就会去消费，从而增加消费。①

从消费信贷业务发展的经济背景来看，人们对消费信贷作出这样的功能定位更是具有客观必然性。信贷业务是商业银行的三大传统业务之一，而消费信贷作为商业银行信贷业务的一种具体形式，在理论上早就存在，但真正付诸于实践，则往往是在消费需求不足的时候，这种情况在我国表现得更为明显。自改革开放以后，我国曾长期面临供给不

---

① 该项统计表明，在消费信贷迅速普及的经济背景下，道·琼斯指数 1998 年年底比年初提高了 20.7%，纳斯达克指数更是提高了 30.1%；美国居民的财产由于股价上涨而增加了 3.1 万亿美元，如果按平均的财富效应 3% 计算，美国居民在同期内的消费便上升了 900 亿美元。由此可见，凭借消费信贷的普及和股市上涨带来的名义收入的增长，美国经济在 20 世纪 90 年代后期进入了借债消费、借债炒股和借债繁荣的循环。

足，需求膨胀的困扰，在这种情况下，消费信贷业务也就长期受到了压制。20世纪90年代后期，我国基本告别了短缺经济时代，需求不足逐步成为困扰经济增长的重要因素，再加上东南亚金融危机的影响，我国政府在承诺人民币不贬值的同时，又提出了确保经济增长率不低于8%的目标，这就决定了扩大内需已成为推动经济增长的首要选择，其中，刺激消费增长必然要在扩大内需的过程中担当重任。正是在这一背景下，消费信贷被作为改善居民消费环境、扩大即期消费需求的"灵丹妙药"，列入了刺激消费增长的"处方"，并在政府的支持下，得到了迅速地发展。由此可见，在消费信贷业务发展之初，就是被作为刺激消费的手段加以运用的，而事后的实践也证明了这种手段的效果，虽然由于挤出效应的影响，这种效果发挥得并不充分，但毕竟在一定程度上起到了刺激消费增长的作用。

综上所述，作为刺激消费的手段，消费信贷在大规模发展之前，受到了理论上的支撑，而在大规模发展之时，又有实践上的需要，并且其作用在一定程度上得到了实践的验证，因而在传统意义上人们把消费信贷的功能单纯地定位于"刺激消费"，也就不足为奇了。

6.1.2 对消费信贷功能的重新认识

把消费信贷的功能定位于"刺激消费"是在消费信贷特定的发展背景下的必然结果。近二十年来，消费信贷在刺激消费、扩大内需方面所发挥的作用已经是一个毋庸置疑的事实。但是，在这个事实背后，也存在着不容忽视的问题，那就是消费结构的严重不合理和消费的断层。自1998年以来，以住房消费信贷为主体的中长期消费信贷在消费信贷中一直占有绝对的优势地位。在这一信贷结构下，一方面出现了住房需求过热的局面，导致了住房市场的虚假繁荣和住房价格的非理性上涨；另一方面，在旺盛的住房需求的挤压下，与消费者收入水平的上升相适应的其他档次的消费品的需求则未能得到应有的重视。具体表现为要么

Squeezing Effects of Consumer Credit on Consumption
消费信贷的消费挤出效应研究

无法获得信贷支持，要么即使能获得信贷支持，也出于满足更高的消费目标的需求而放弃对该档次消费品的消费需求，这一现象使本应随着收入水平的上升而渐次递升的消费结构出现了"跨越"式的提升，消费结构的"断层"现象日益明显。一句话，在消费信贷的刺激下，消费的总量虽然有所上升，但消费结构却进一步趋向了不合理，这无论是对消费还是生产的可持续发展都无疑造成了不利的影响。

这种现象在把消费信贷的功能单纯地定位于"刺激消费"的情况下是不可避免的。因为一旦把消费信贷的功能狭隘地定位于"刺激消费"，人们必然把运用消费信贷手段的目标确立为消费总量的增长，而实现这一目标的"捷径"就是把消费贷款尽可能多地投放到所谓的"新的消费增长点"上，在现实经济条件下，住房、汽车等自然成了首要选择。这种选择在相应的政策配套和宣传诱导（如房改、车改政策的实施和刺激消费的宣传攻势）下，自然能得到消费者的认可和接受。消费者在认可和接受这种选择的同时，还会以自身具体的消费行为来"迎合"这种选择。当自身的收入水平不足以"迎合"这种选择时，挤压或放弃部分其他消费就成了消费者的无奈之举，消费信贷对消费的直接挤出效应因此而形成，于是，消费升级的进程在此形成跳跃，消费"断层"现象应势而生。由此可见，在"刺激消费"这一狭隘的功能定位下，消费信贷因受挤出效应的影响，不但难以充分发挥扩大消费总量的作用，而且还有力地助推了消费结构不合理和消费"断层"现象的形成。因此，必须结合现实经济条件，对消费信贷的功能定位作出重新认识。那么，消费信贷的功能到底应该如何定位呢？

要对消费信贷的功能进行正确定位，必须先正确认识以下问题：①消费信贷是在告别短缺经济时代，消费市场由卖方市场转为买方市场的背景下发展起来的，但是，短缺经济时代的结束并不意味着过剩经济时代的全面到来，因为即使在总量上已经过剩，也可能还存在结构上的短缺，而且这种结构上的短缺会因价值规律的作用，随着供给和需求状况的改变而改变；②消费信贷与投资信贷之间存在替代关系，而消费信贷和投资信贷对经济增长的推动作用孰大孰小又受制于消费领域（包括消费品生产领域）与投资领域的资金配置效率的对比；③经济发展处于周期性变动之中，在经济过热的情况下，往往需要对消费和投资采取釜底抽薪的措施，以削弱对过热经济的助推作用。面对这些问题，如果依然把消费信贷的功能单纯定位于刺激消费，则很难避免消费品供求结构的进一步失衡（21世纪以来出现的住房价格的非理性持续上涨以及经济适用房和廉租房供应严重不足的现象，就是例证，此外，除了住房和汽车以外，其他消费信贷业务的需求和供给都很少的事实，也在一定程度上说明了这一问题），也可能使消费信贷在推动经济增长方面发挥的作用得不偿失，甚至会在一定程度上增大通货膨胀的压力。除此之外，从理论上说，信贷是调节经济的一种手段，其所发挥的是经济杠杆作用，作为经济杠杆，其功能就不应被局限在单一的刺激或遏制某些经济活动上，而应是发挥对经济活动的调节作用。基于前述认识，在现实经济条件下，消费信贷的功能应定位于"适应经济合理增长的需要，对消费进行有效的调节"。

6.2 挤出效应对消费信贷功能的影响

挤出效应对消费信贷功能的影响是双向的，既有正面的影响，也有负面的影响，其基本判别标准是消费信贷对消费的挤出效应是否有助于实现消费信贷的功能目标。当人们把消费信贷作为适应经济合理增长的需要而对消费进行有效调节的手段时，自然期望挤出效应的发挥能有助于实现消费信贷的功能目标，这也是有效发挥消费信贷功能的必然要求。

6.2.1 消费信贷的功能目标

既然消费信贷的功能被定位于"适应经济合理增长的需要，对消费进行有效的调节"，那么，消费信贷的功能目标必然从消费总量和消费结构上体现出来。

(1) 消费总量的合意增长

经济增长有一个合理的"度"，超过这一个"度"，称为经济过热，反之，则称为经济萧条或疲软。消费信贷的功能就是通过调节消费，发挥使经济增长保持在这一合理的"度"之内的作用。当然，在这一调节过程中，并非消费信贷"孤军奋战"，而是常常与其他调节措施相配合，同时也与对投资的调节相协调。当经济过热时，往往需要在消费和投资上同时"降温"，虽然消费总量会呈现出逐期上升的态势（这是消费者收入水平上升的必然结果），但是，如果此时适当减弱消费信贷对消费的刺激作用，则可在一定程度上对消费增长的势头起到"釜底抽薪"的作用。当经济疲软时，往往需要在消费和投资方面同时"加温"，这时候适当增强消费信贷对消费的刺激效应或适当减弱消费信贷对消费的挤出效应，则可在一定程度上弥补消费者收入水平增长不足以拉动消费增长的缺陷，使消费在既定的消费者收入增长的基础上，进一步得到提升。当然，面对经济过热或疲软的现状，并不一定会要求消费和投资同时"加温"或"降温"，而可能需要根据具体情况，对消费和投资进行此"加温"彼"降温"的组合调节。但无论哪种情况，消费信贷对消费的刺激效应或挤出效应的增强或减弱，都能对消费总量的增减变动发挥一定的调节作用，而这种调节作用的发挥都是以实现合理的经济增长目标为前提的。由此可见，消费信贷的功能目标之一是实现消费总量的合意增长。

(2) 消费结构的优化

经济可持续发展的前提是经济均衡和协调，消费结构的均衡和协调是经济结构均衡和协调的内容之一。无论在消费需求过热还是不足时，都可能存在消费品供求结构不合理的现象，这种现象的存在不但会造成消费品价格的非理性上升或下降，而且会导致消费需求的"断层"现象。在这种情况下，通过调整消费信贷的投向、投量和可获得性，可以有效地调节消费品供求结构上的不平衡状况，使消费结构发生合意的调整，以服务于经济的可持续发展。因此，优化消费结构是消费信贷的又一个功能目标。

6.2.2 实现消费信贷功能目标的切入点

在不同的经济情况下，所采取的调节消费的具体措施的效果也会有所不同。例如，要扩大较少受到信贷支持的消费品的消费需求，可以把扩大对该种消费的信贷支持力度，以发挥消费信贷对该种消费的刺激效应作为首要选择，同时，也可在一定程度上通过减少消费信贷对该种消费的挤出效应的方式实现；反之，若要遏制对该类消费品的消费需求，则因该类消费本来就很少得到信贷支持，因而基本无法通过削弱消费信贷对该类消费的刺激效应的方式来实现，可行的方法只能是通过发挥消费信贷对该类消费的挤出效应的方式来实现目标的调节。因此，要实现消费信贷的功能目标，就必须根据具体情况找准切入点。从总体上看，实现消费信贷功能目标的切入点无非表现为两个方面：发挥消费信贷对消费的刺激效应和发挥消费信贷对消费的挤出效应。

（1）以发挥消费信贷对消费的刺激效应作为实现消费信贷功能目标的切入点

当现实经济条件决定了发挥消费信贷对消费的刺激效应可更好地实现消费信贷的功能目标时，应把发挥刺激效应作为切入点，并根据功能目标的要求，在强化或削弱刺激效应这两个方面作出选择。具体地说，当要推动消费总量增长时，应适当扩大贷款规模，降低贷款条件，增加消费者对贷款的可获得性，反之，则应进行相应的反向操作。同时，面对消费结构不合理的情况，则可通过对消费需求在信贷支持上"有保有压"的方式，使消费结构趋于合理。

（2）以发挥消费信贷对消费的挤出效应作为实现消费信贷功能目标的切入点

当现实经济条件决定了发挥消费信贷对消费的挤出效应可更好地实现消费信贷的功能目标时，应把发挥挤出效应作为切入点，并根据功能目标的要求，在强化或削弱挤出效应这两个方面作出选择。从本质上看，发挥消费信贷对消费的挤出效应与发挥消费信贷对消费的刺激效应具有相同的功效，两者都表现为消费信贷对消费的总体效应的增减变动，对两者的运用，可以产生殊途同归的结果。但从表现形式上看，把发挥挤出效应作为实现消费信贷功能目标的切入点，无非是通过加强或削弱对某些消费品的消费需求的信贷支持力度，来实现遏制或强化对另一些消费品的消费需求的目的，表现为一种"声东击西"的策略。在特定的经济条件下针对特定的调节目标时（例如，当需要遏制某些未受到信贷支持的消费行为时），这一策略可以起到直接把刺激效应作为切入点时无法起到的作用。至于如何通过发挥挤出效应来实现消费信贷的功能目标，则是接下来需要分析的问题。

在此，还需要强调的是，无论是把发挥消费信贷对消费的刺激效应还是挤出效应作为实现消费信贷功能目标的切入点，都是在总体上所作的一种选择，在具体操作时，还需针对具体情况，选择具体的切入点。例如，在把发挥刺激效应作为切入点时，应从刺激哪一类消费品的消费入手，是住房消费、汽车消费还是其他消费？在把发挥挤出效应作为切入点时，又需从刺激哪一类消费品的消费入手，才能有效地挤出应该被挤出的消费？关于这些问题，都需要根据当时、当地的消费市场格局，并在深入分析消费者的消费观念、消费习惯及相应的消费制约因素以后，作出具体的选择。

6.2.3 挤出效应对消费总量和结构的调节功能

就对消费的总量调节而言，消费信贷对消费的挤出效应所能发挥的作用表现为：在既定的消费信贷规模下，当挤出效应减少时，消费信贷对消费的最终刺激效应（即刺激效应和挤出效应相抵后的净效应）将上升，从而在消费信贷的刺激下，消费总量将趋于上升；反之，当挤出效应上升时，因最终的刺激效应被挤出效应削弱，消费总量上升的势头将受到遏制。

就对消费结构的调节而言，消费信贷对消费的挤出效应所能发挥的作用表现为：当某种不合理或与经济发展要求相悖的消费行为被挤出时，消费结构会趋向合理；反之，当某种合理或与经济发展要求相一致的消费行为被挤出时，消费结构就会趋于不合理。事实上，我国现阶段挤出效应对消费结构的影响正是如此。因此，在利用挤出效应调节消费结构时，如何选准具体的切入点，是实现消费信贷功能目标的关键之一。

在理解挤出效应对消费总量和结构的调节功能时，还必须明确两个问题：①在消费信贷对消费的挤出效应中，能发挥消费结构调节功能的只是直接挤出效应，因为间接挤出效应是消费信贷通过影响 GDP 进而影响消费者的总体收入水平而形成的，因而通常只能影响消费总量，而无法影响消费结构；②在把发挥消费信贷对消费的挤出效应作为实现消费信贷功能目标的切入点时，在总量调节目标和结构优化目标之间可能会出现冲突。在通过扩大挤出效应来遏制消费总量的增长势头时，被挤出的可能会是合理的或与经济发展要求相一致的消费行为；相反，在通过削弱挤出效应来推动消费总量的增长时，对不合理或与经济发展要求相悖的消费行为的遏制力度可能会被削弱。这就要求在立足于具体情况选准具体的切入点的同时，结合对具体消费结构和影响挤出效应的各因素的深入分析，合理地把握措施的力度。

6.3 经济新常态背景下的合理选择

在明确了消费信贷的功能以及挤出效应对发挥消费信贷功能的影响以后，接下来的问题就是在经济新常态背景下如何正确协调挤出效应与消费信贷功能目标之间的关系了。针对这一问题，必须依据前面的分析结果，并结合经济新常态的基本特征及其对消费信贷的基本要求来做出回答。

6.3.1 从前面的分析中得到的启示

（1）应根据调控要求和调控目标合理调整首付款比例和贷款利率

前面的分析已经表明，消费信贷额度占信贷消费品价款的比例与挤出效应之间呈现出负向变化的关系，而贷款利率与挤出效应之间呈现出正向变化的关系，因此，在调节消费的过程中，提高贷款额度占信贷消费品价款的比例（即降低首付比例）和降低贷款利率，可以在降低消费信贷对消费的挤出效应的同时，增强其对消费的刺激效应，反之亦然。而且，在现实经济条件下，贷款额度占信贷消费品价款的比例是影响挤出效应总量变化的主要因素之一，贷款利率对挤出效应总量的影响虽然不大，但通过调整利率来调节挤出效应的总量是一种比较易于操作的方法，并容易被消费者接受。更为重要的是，贷款利率的调整可以向消费者传递一种消费信贷政策趋向的信号，因而对挤出效应的影响往往会超越其本身的变动所造成的影响。因此，在经济萧条阶段，常可通过提高消费信贷额度占信贷消费品价款的比例和降低消费贷款利率等手段，来达到遏制挤出效应进而拉动经济增长的目的；而在经济过热阶段，则可通过相反的操作，来发挥对过热经济的"降温"作用。

（2）在采取刺激经济增长的措施时，应合理把握对信贷消费的政策诱导和宣传的力度

前面理论层面的分析结果表明，消费者积累首付款的实际期限的变化，对消费信贷的消费挤出效应的变化没有确定的正面或负面影响。其对挤出效应最终的影响程度和影响方向不仅取决于自身的变化，还受制于贷款额度及其占信贷消费品价款的比例、消费者的消费计划中信贷消费品所占的份额、消费者的消费倾向和收入水平、市场利率等因素。而在现实层面上的分析结论表明，在现实经济条件下，消费者积累首付款的实际期限对挤出效应总量的变化有着明显的负面影响，是影响挤出效应总量变化的重要因素之一。因此，在调节消费的过程中，对于消费者积累首付款的实际期限对挤出效应的影响应予以高度重视。由于消费者积累首付款的实际期限在很大程度上会受刺激消费的政策诱导和各种宣传的影响，因而在不同的宏观经济环境中，应根据不同的经济调节目的，结合对上述制约因素的正确分析，合理把握信贷消费的政策诱导和宣传攻势的力度。在经济萧条时，应避免因力度不当导致消费者积累首付款的期限的非理性变化，从而造成消费信贷对非信贷消费的过量挤出或对消费的刺激作用难以有效发挥；在经济过热时，应顺应宏观调控的主基调，调整对信贷消费的政策诱导和各种宣传的力度，合理发挥政策和舆论导向作用，使消费者积累首付款的实际期限朝着有利于压缩信贷消费，同时减少非信贷消费的方向变化，以削弱消费对过热经济的"火上浇油"作用。

（3）应根据调控目标和调控要求，科学确定消费信贷结构

确定合理的消费信贷结构是有效发挥消费信贷对消费的刺激作用的必要条件。从前面的分析中可知，消费者的消费计划中信贷消费品占消费品总量的份额和消费者的消费倾向，与挤出效应的变化之间均存在负向关系。消费者的消费计划中信贷消费品占消费品总量的份额实际上代表着消费者的消费结构，这一结构可通过消费信贷活动加以引导。当消费信贷的覆盖率扩大时，消费者的消费计划中信贷消费品占消费品总量的份额将随之增大，相应地，消费信贷对消费的挤出效应将下降；反

之，消费信贷对消费的挤出效应将上升。与此同时，由于低收入阶层的边际消费倾向相对较高，消费的档次也较低，因此，扩大消费信贷的覆盖率，加大对消费者消费较低档次消费品的信贷支持力度，同样有助于降低消费信贷对消费的挤出效应。从这一意义上说，扩大消费信贷的覆盖率，优化消费信贷结构，是在经济萧条阶段有效遏制消费信贷对消费的挤出效应，以充分发挥对消费的刺激作用的必要条件。基于同样的理由，在经济"过热"的环境中，适时调整消费信贷结构，适当降低消费信贷的覆盖率，则无疑会对"过热"的经济产生"釜底抽薪"的作用。

（4）在利用信贷手段调节消费时，应充分考虑市场利率的现状和变化趋势

前面理论层面的分析结果表明，由于市场利率（即贴现率）变化对总体挤出效应的影响方向取决于消费者获得贷款前后两种方向相反的影响对比的结果，这又受制于贷款额度及其占信贷消费品价款的比例、消费者实际积累首付款的期限、消费者的消费计划中信贷消费品占消费品总量的份额、消费者的消费倾向和收入水平、贷款期限等一系列因素。同时，现实层面的分析结果表明，在现实经济条件下，市场利率水平的变化对挤出效应总量有着微弱的负面影响。从理论和现实两个层面的分析结果中，可以得出如下结论：为了合理发挥消费信贷对消费乃至整个经济的调节作用，必须在对市场利率的现状和变化趋势做出正确分析和合理预测的基础上，借助相应的政策手段，对上述制约市场利率变动影响挤出效应总量的变动方向和变动程度的因素，进行合理地组合，以期得到在经济过热条件下增大挤出效应的同时，优化消费结构，或在经济萧条的情况下，减少挤出效应，同时不劣化消费结构的效果。

（5）在利用消费信贷调节消费时，应根据经济运行情况，合理确定消费信贷的总体期限结构

贷款期限变动对挤出效应总量的变动所产生的影响是双向的，其最终影响不仅受制于自身的变化，还受到贷款规模和利率、市场利率水平、消费者的消费计划中信贷消费品占消费品总量的份额、消费者的消

费倾向和收入水平等一系列因素的制约，因而在理论层面的分析中无法明确判断其对挤出效应总量的影响方向和影响程度，而在现实层面上的分析则表明，在现实经济条件下，贷款期限的变动对挤出效应总量的变动有着比较明显的负面影响。因此，在不同的宏观经济环境中（经济过热和经济萧条），应根据具体的调控目的，在对上述制约其影响挤出效应总量变化的方向和程度的因素作出合理组合的基础上，选择合理的贷款总体期限结构，以期得到在经济过热条件下增大挤出效应的同时，优化消费结构，或在经济萧条的情况下，减少挤出效应，同时不劣化消费结构的效果。

（6）确定消费信贷规模时，必须立足于消费者的实际收入水平

消费信贷是经济发展到一定阶段的产物，这一结论可以从消费信贷规模和消费者的收入水平与消费信贷对消费的挤出效应的关系中得到验证。无论在前面的理论层面还是现实层面的分析中，都证明了消费信贷规模的变动对挤出效应总量变动有着正面影响，而消费者的收入水平变动对挤出效应总量有着负面影响。基于这样的分析结果，在消费者的总体收入水平既定的情况下，消费信贷规模越大，其对消费的挤出效应也就越大；相应地，对消费乃至整个经济的刺激作用就发挥得越不充分，反之亦然。这也在一定程度上体现出了消费信贷的边际效应递减这一规律。与此相对应，在消费信贷规模既定的情况下，消费者的收入水平越高，则消费信贷对消费的挤出效应越小；相应地，对消费乃至整个经济的刺激作用就发挥得越充分，反之亦然。如果从极端意义上理解，那么，当消费者的收入水平为 0 时，消费信贷将完全挤出消费。由此可见，消费信贷对消费的刺激作用是建立在消费者有较高的收入水平基础之上的，否则，消费信贷就没有存在的基础。这一结论充分表明，只有在经济发展到一定阶段，消费者的收入达到一定水平以后，消费信贷才能真正地发展起来。

消费作为 GDP 的重要组成部分，其自身的增长必然在总体上推动消费者收入水平的提高。而消费信贷作为消费增长的重要"推手"，自然在提高消费者收入水平的过程中发挥着重要作用，但是其对消费的挤

出效应无疑会削弱这一作用；与此同时，消费者收入水平的上升又会通过削弱挤出效应而强化这一作用。因此，在利用消费信贷手段刺激消费时，必须从消费者的实际收入水平出发，合理调节消费信贷的规模，尽可能削弱因消费信贷规模不当而对消费产生的挤出效应，真正建立起消费增长与消费者收入水平提高之间的良性互动关系，使消费信贷的作用得到真正地发挥。

（7）应正确处理消费信贷与投资信贷之间的关系

消费信贷与投资信贷之间在一定程度上存在替代关系，消费信贷对消费的间接挤出效应正是因消费信贷替代投资信贷而造成的。两者之间的相互关系及各自在挤出效应形成过程中所发挥的作用，决定了在不同的经济条件下处理两者关系的不同思路。在经济萧条阶段，需要同时通过刺激消费和投资来拉动经济增长时，必须在尽量压缩消费信贷对消费的挤出效应的同时，充分发挥信贷活动对消费和投资的刺激作用。由于消费信贷对消费的直接挤出效应和间接挤出效应同时存在，这就提出了如何运用有限的信贷资源实现总挤出效应最小化或总刺激效应最大化的问题。对此，必须依据直接和间接挤出效应的形成机理，立足于对影响挤出效应总量变动的各因素的具体分析，把有限的信贷资源在消费信贷和投资信贷之间做出合理地分配。当经济萧条，并存在较大的通货膨胀压力时，可在分配信贷资源时，加大对投资领域的倾斜力度，以减少消费信贷对消费的间接挤出效应。同时，在配置消费信贷资源时，通过对贷款期限、利率和首付款比例及信贷覆盖率的调整，扩大对消费的直接挤出效应，以削弱物价上涨的助推力量。当经济过热，需要在消费和投资两个领域同时"降温"时，则可在适当压缩信贷总规模的同时，围绕"在既定信贷规模下挤出效应最大化"的目标，结合对贷款期限、利率、首付款比例及信贷覆盖面的调整，对信贷资源在消费领域和投资领域做出合理的分配。

6.3.2 经济新常态及其对消费信贷的基本要求

（1）经济新常态的基本含义

经济发展具体表现为经济增长速度的改变、经济结构的优化、推动经济增长的动力的消长，以及经济运行过程中各种风险的累积和释放这一系列经济现象及其相互之间的组合的变化，这本身是一个复杂的动态过程。在这一过程中，变化是永恒的，且这种变化的内生性特征非常明显，以致参与经济活动的各主体常常发出"计划赶不上变化"的感叹。然而，这种变化又不是无序的，无论是经济增长速度的改变和经济结构的调整，或是推动经济增长的主要力量的消长和经济活动中各类风险的累积及释放，虽然都以经济现象的"面目"出现，却无一例外地受制于内在的经济规律，其仅仅是经济规律发挥作用的外在表现形式而已，而既然是经济规律发挥作用的外在表现形式，那就必然是有序的。经济规律发挥作用时，无疑受制于特定的经济环境，不同的经济环境造就了经济规律发挥作用的不同条件，从而使经济规律发挥作用的方式和程度也不同，其对经济增长速度的影响、对经济结构调整的要求、对拉动经济增长的各种"动力"的增强或削弱程度，以及对与经济活动相生相伴的各种风险所产生的影响，都将随之而不同，从而使经济增长速度的变化、经济结构的调整、经济增长的驱动力以及经济活动中的各种风险等经济现象以及这些经济现象之间的相互组合，在很大程度上体现出与该经济发展阶段相匹配的相对稳定的特征，这就是经济的"常态"。简单地说，经济"常态"就是经济规律在特定的经济发展阶段及与之相对应的特定经济环境中发挥作用时，经济现象所呈现出的相对稳定的阶段性特征。

在不同的经济发展阶段，经济规律发挥作用的环境不同，经济现象所呈现出的相对稳定的阶段性特征也各不相同，从而有着不同的经济"常态"。当经济发展进入一个新阶段时，原有的经济"常态"必将被与新阶段相适应的另一种经济"常态"所替代。最典型的表现就是在短缺经济时代和过剩经济时代，经济增长速度、经济结构的调整要求、经济增长的动力结构和经济活动中的各种风险，都有着明显不同的表现形式。即使同在过剩经济时代，前述几个方面在不同发展阶段（例如2001年至2007年期间和2008至2015年期间）的表现也有着明显的差异。当经济发展进入一个新阶段时，由于环境的变化，维系原有的经济"常态"的条件已不复存在，该种常态也就成为了"旧常态"，而适应新的经济发展阶段的经济"常态"则被称之为"新常态"。因此，经济"新常态"实际上是一个动态的概念，处在一个没有"最新"，只有"更新"的动态过程中，整个经济发展过程就是一个"新常态"不断演变为"旧常态"的过程。现在所说的经济"新常态"实际上就是经济规律在"三期（即经济增长速度换档期、经济结构调整阵痛期、前期经济刺激政策消化期）叠加"的现阶段发挥作用时经济现象所表现出的相对稳定的阶段性特征。中央经济工作会议强调要认识、适应和引领新常态，从本质上说，就是要立足于现实的经济环境和经济发展阶段，在认识和尊重经济规律的基础上，合理地利用经济规律，推动经济的科学发展。

（2）经济新常态的基本特征

不同经济发展阶段的经济"常态"有着不同的特征。根据中央经济工作会议对经济新常态所作的诠释，经济现象在当前所处的"三期叠加"这一特定的阶段所呈现出的相对稳定的特征主要表现在以下方面：

①在消费需求方面，消费模式日益呈现出个性化和多样化的特征，消费者对产品质量和安全以及消费品附加功能的关注度日益提高。因此，为了使消费继续在推动经济发展的过程中发挥基础作用，必须加快产品创新步伐，保证产品质量安全，科学制定消费政策，有效激发消费潜力。

②在投资需求方面，面对传统产业相对饱和以及产能相对过剩的现实，新产品、新技术、新工艺、新业态和新商业模式不断被催生，新的商机不断产生，"大众创业，万众创新"正在成为新的潮流，在这种情

况下，为了有效发挥投资对经济增长的关键作用，就必须创新投融资方式，以适应现阶段投资需求的新特点。

③在出口和国际收支方面，全球性金融危机及其至今未能消除的后遗症，使全球总需求不振的状况至今未能改变，加之我国的低成本比较优势已发生了转化，出口对我国经济的拉动作用明显减弱。因此，为了使出口继续对经济发展发挥支撑作用，我国必须培育新的比较优势。

④在生产能力和产业组织方式上，随着短缺经济时代的结束，传统产业供过于求的状况日益严重，产业结构优化升级的要求更加迫切，产业结构优化升级的步伐进一步加快，由此而引发了企业的兼并重组和生产的相对集中，并使新兴产业和服务业等有了更加广阔的"用武之地"，从而使产业组织出现了生产小型化、智能化和专业化的趋势。

⑤在生产要素的相对优势上，我国劳动力的低成本优势正在逐步消失，生产要素之间的协同效应因此而难以充分发挥作用，因而必须加大创新力度，使创新成为驱动经济发展的新引擎。

⑥在市场竞争方面，随着供求格局和消费理念的改变，市场竞争的主要手段正在向产品的质量和差异化优势转化，在这种情况下，加快形成统一、透明、有序、规范的市场环境，已成为当务之急。

⑦在资源环境约束方面，由于长期以来对经济发展和环境保护之间的关系处理得不够恰当，致使现在的环境承载能力已经达到或接近上限，因此，在经济活动中必须牢固树立科学发展观，正确处理经济发展与环境保护之间的关系。

⑧在风险的累积和化解方面，由于消费需求、投资需求和出口需求以及政府支出方面的新变化，经济增速下降已是客观事实，这使经济中的各类风险呈现出集中暴露的态势，加大了化解风险的压力。

⑨在资源配置和宏观调控上，由于面对着全面化解过剩产能和利用市场机制引导未来产业发展方向的双重任务，同时又必须正视全面刺激政策的边际效果明显递减这一客观事实，这使宏观调控遭遇了前所未有的挑战，在实施宏观调控过程中，对调控方式的科学性提出了更高的要求。

经济新常态的这些特点表明，我国经济在形态、结构、增长速度、发展方式、发展动力、竞争方式等方面正在发生一系列的转化，其中最引人注目的转化是经济增速的"减挡"、经济结构的优化和经济增长驱动力的更新。在这一系列的转化过程中，各种经济风险也在不断地累积和释放，使各经济主体在风险管理问题上面临新的挑战。同时，在统一市场的构建、资源和生产要素的配置、宏观调控、环境保护等方面，也提出了新的要求。总而言之，"中高速""优结构""新动力"和"多挑战"是经济新常态的基本特征的关键词，也是认识，进而适应和引领经济新常态的基本切入点。

（3）新常态下经济发展和宏观调控对消费信贷的基本要求

消费信贷的功能是"适应经济合理增长的需要，对消费进行有效的调节"，而经济的合理增长在不同的条件和环境中有着不同的解读，因而消费信贷的功能目标也会在不同的经济背景下有着不同的选择，即根据宏观调控的不同要求，需要在是"利用消费信贷来刺激消费总量的进一步增长"，还是"利用消费信贷来遏制消费总量过快增长的势头"这两者之间做出科学的抉择，同时在调整消费结构方面采取相应的措施。在经济新常态背景下，需求不足是制约经济增长的根本原因，稳增长、调结构和实施供给侧改革将是经济宏观调控的主旋律，同时，由于出口对经济增长的拉动作用在新常态背景下极可能会被进一步削弱，进一步扩大内需必然是拉动经济增长的首要选择，消费和投资将继续"领衔主演"拉动经济增长这幕大剧，这必然在如何更有效地发挥对消费的刺激效应这一问题上，对消费信贷提出新的要求。

事实上，20世纪90年代后期，消费信贷业务在其发展之初，就是以扮演推动消费增长的主要"角色"的面目出现的，可以说是"受命于危难之间"，而且是在消费者的收入尚未达到应有的水平的基础上，匆忙上阵的，即使到了今天，仍然可以说，消费者的收入水平依然难以有效地适应充分发挥消费信贷功能（尤其是在需求不足情况下刺激消费这一功能）的要求。因此，消费信贷业务运行近二十年来，虽然在推动消费总量增长进而推动经济增长方面取得了一定的效果，但因存在对消费的严重挤出效应，消费信贷的这种功能的发挥是很不充分的，而且，还出现了另外一些不合意的结果，突出表现为住房价格的非理性上涨和消费"断层"现象。

现在，面对新常态背景下经济发展和宏观调控的基本趋向，必然要求消费信贷在尽可能减少自身对消费的挤出效应，充分发挥对消费的刺激作用的同时，在优化消费结构、遏制住房和其他资产价格的非理性上涨、推动房地产去库存等方面有效地发挥自身的作用，进一步迎合以增量改革促存量调整为基本路径，以提高全要素生产率为核心的供给侧改革的需要。

6.3.3 经济新常态背景下合理发挥消费信贷效应的策略

（1）在扩大消费信贷规模的同时，优化消费信贷的投向结构

为了有效地刺激消费增长，就必须进一步扩大消费信贷规模。但是，前面的分析已表明，消费信贷规模与挤出效应正相关，而且在现实经济条件下，挤出效应总量变动对消费信贷规模变动非常敏感，消费信贷的规模多增长1%，即绝对额多增长180.60亿元，就可使挤出效应增加1.93%，即挤出效应的总量增加336.97亿元，这就提出了如何在扩大消费信贷规模的同时，弱化挤出效应的问题。事实上，消费信贷规模扩张导致挤出效应上升是在消费者收入水平、消费倾向、消费计划中信贷消费品占消费品总量的份额、贷款利率和期限、贷款额度占信贷消费品价款的比例、消费者积累首付款的实际期限的既定情况下表现出来的，如果这些因素发生改变，则信贷规模对挤出效应总量的影响程度也会相应地改变，而在这些因素无法改变或改变的幅度不足的情况下，改变贷款投向结构，使贷款投向和投量都趋于分散，则能有效地缩小消费者每期所需积累的首付款额度和每期所需偿还的本息额度与其首付款积累能力和本息偿还能力之间的差距，从而削弱对非信贷消费的挤出效应。由于现阶段的消费信贷投放领域仍以住房和汽车消费为主，这类贷

款的单笔额度都较大，相应地，消费者每期所需积累的首付款额度和每期所需偿还的本息额度与其首付款积累能力和本息偿还能力之间的差距也较大，对非信贷消费的挤出效应必然随之增大。在这种情况下，如果把新增的消费信贷规模主要投向其他单笔额度较小、使用范围较广的消费领域，则必然能产生信贷规模扩大，对消费的刺激力度增强，同时挤出效应被有效地削弱的效果。

（2）合理把握对信贷消费的政策诱导和宣传的力度

消费者积累首付款期限的长短是影响消费信贷对消费的直接挤出效应的重要因素，从本书5.3.2的分析结果中可以看出，在现实经济条件下，该期限的变动对挤出效应总量的变动有着负向作用，消费者积累首付款的平均期限延长1%，即增加11天，就可使挤出效应减少0.21%，即挤出效应的总量下降36.67亿元。在这里，虽然挤出效应总量对该期限的变动并不敏感，但该期限却是决定消费者积累首付款时是否挤出非信贷消费的根本因素，只要该期限足够长，那么，在其他因素不变时，因消费者积累首付款而挤出消费的现象就会消失。消费者积累首付款的实际期限受消费信贷的政策诱导和宣传攻势的影响很大，在我国消费信贷业务迅速发展的这二十来年中，大多数年份对住房和汽车消费的政策诱导趋向都很明显，宣传力度很强，这导致很多消费者突破了自身的首付款积累能力，通过压缩其他消费的方式，提前实现本应纳入中期甚至长期消费规划的住房消费和汽车消费目标。在这一过程中，不但因消费者积累首付款而挤出了大量的非信贷消费，而且在消费者获得信贷支持后，因承受巨大的还本付息压力而导致非信贷消费再次被大量挤出，使表面上功能强大的消费信贷业务在具体运作过程中，功能大量流失，对消费的刺激作用难以充分发挥，与此同时，住房价格则在消费信贷的"裹挟"下不断上涨。由此可以看出，对以信贷方式实现住房消费和汽车消费的政策诱导和宣传攻势都应适当"降温"，以实现住房消费和汽车消费在消费者的消费计划中的"理性回归"，使消费者真正能根据自身的收入水平以及积累首付款和还本付息资金的能力，分别将这类消费纳入自身的长期、中期或短期消费计划。与此同时，应适当强化对以信贷方式实现其他消费的政策诱导和宣传攻势的力度。相对于住房贷款和汽车贷款而言，其他消费信贷的额度较小，消费者积累首付款的压力也较小，即使积累首付款的期限在政策诱导和宣传攻势下有所缩短，也不会对非信贷消费产生明显地挤出。因此，这样做不但有助于扩大消费信贷规模，刺激消费的增长，而且还可以将消费信贷从住房等领域适当分流到其他消费领域，以减轻住房价格上涨的压力。

（3）科学确定消费信贷期限，弱化因还本付息而产生的挤出效应

本书 5.3.2 的分析结果已表明，在现实经济条件下，消费信贷的期限对挤出效应总量变化有负向作用，消费信贷的平均期限延长 1%，即增加 54 天，可以使挤出效应下降 0.413%，即挤出效应总量减少 72.11 亿元。在这里，虽然挤出效应总量对该期限的变动并不敏感，但鉴于该期限是决定贷款后消费者是否会因为积累还本付息资金而挤出非信贷消费的重要因素，而且在本书 4.2.2 中已经证明在该期限足够长的情况下，因消费者积累还本付息资金而挤出非信贷消费的现象将会消失，因此，为了削弱挤出效应，增强消费信贷对消费的刺激作用，科学地确定消费信贷的期限就成了必要的举措。目前，在我国商业银行发放的消费性贷款中，除了住房公积金贷款以外，其他绝大部分贷款的期限主要是由消费者在银行规定的上限内自主选择的，而在消费者提供的虚假收入证明等材料的支持下，银行往往在确定每笔贷款的具体期限时，片面地尊重消费者的选择。由于"有多少钱办多少事"的传统消费观念和不够成熟的现代负债消费观念的冲突，往往使消费者在接受信贷消费观念并实施信贷消费行为的时候，尽可能地缩短贷款期限，导致每期还本付息的压力超过自身收入的承受能力，并不得不通过压缩非信贷消费的方式，来满足每期还本付息的资金需求。鉴于这一现实，为了弱化因消费者还本付息而产生的对非信贷消费的挤出效应，商业银行在办理消费信贷业务时，必须依据经过严格核实的消费者的收入水平证明材料并结合其他相关因素，科学地确定每笔贷款的具体期限，确保消费者每期还本付息的压力在其收入水平的承受能力之内。

(4) 合理确定贷款条件，以此引导消费者的消费倾向

本书 5.3.2 的分析结果表明，在现实经济条件下，消费者的消费倾向与消费信贷对消费的挤出效应之间存在负向变动关系，消费者的平均消费倾向每上升 1%，即提高 0.68 个百分点，可以使挤出效应下降 0.59%，即挤出效应总量减少 103.01 亿元。在这里，虽然挤出效应总量对消费倾向的变动并不敏感，但是，在刺激消费以拉动内需增长的大环境下，这样的效果同样不能忽视，毕竟，提高消费者的消费倾向是一项成本很低的举措。消费者的消费倾向主要受制于消费者的消费心理、消费习惯和收入水平的变化，通常无法加以直接控制和调节，但可以通过适当的手段加以引导，其中，调整消费信贷的可获得性就是引导消费倾向的有效手段。消费者的消费倾向通常会随着收入水平的上升而递减，而消费信贷对消费的刺激作用则可以遏制甚至抵消这种递减趋势，并且可能在一定程度上使消费倾向上升。当消费信贷的可获得性提高时，消费者的消费倾向递减的趋势会减弱，甚至消费倾向会上升。在这里，问题的关键是如何增强消费信贷的可获得性。实际上，影响消费信贷可获得性的主要因素就是贷款条件，其中贷款利率、首付款比例（首付款比例与 1 的差额就是贷款额度占信贷消费品价款的比例）和担保条件是目前影响贷款可获得性的主要因素。为了引导消费者提高消费倾向，以削弱消费信贷对消费的挤出效应，有必要在确保信贷资金安全的前提下，按照有利于优化消费信贷结构和消费结构的原则，进一步下调贷款利率和降低首付款比例，并采取灵活多样的担保方式，提高消费信贷的可获得性。尤其对于住房消费贷款，前几年为了适应控制住房价格的需要，相应地提高了首付款比例，这种"一刀切"的做法虽然可以在一定程度上遏制购房者对住房贷款的需求，缓解房价上涨的压力，却同时也加大了消费信贷对消费的挤出效应（本书 5.3.2 的分析结果已表明，在现实经济条件下，消费信贷占信贷消费品价款的比例下降，也就是首付款比例上升 1%，即 0.7 个百分点，挤出效应总量将上升 1.63% 左右，即增加 284.59 亿元左右），并且不利于提高消费者的消费倾向。因此，在确定首付款比例时，采取"有保有压、区别对待"的做法，

根据住房的面积和档次确定不同的首付款比例，对购买高档住房的消费者核定较高的首付款比例，而对于购买经济适用房的消费者核定较低的首付款比例，同时在确定贷款利率时也体现这一要求，应是更好的选择（吴龙龙，黄丽明，2006）[①]。

(5) 扩大消费信贷覆盖率，提高信贷消费比重，削弱挤出效应

消费者的消费计划中信贷消费品占消费品总量的份额是影响挤出效应的一个重要因素。本书 5.2.4 和 5.3.2 的分析结果已表明，该"份额"的变动对挤出效应总量的变动发挥着负向作用，而且在现实经济条件下，该"份额"的变动对挤出效应总量的影响比较明显，当该"份额"变动 1%，即上升或下降 0.18 个百分点时，挤出效应总量将相应地反向变动 0.93% 左右，即挤出效应的总量减少或增加 162.38 亿元左右。由此可见，提高消费者的消费计划中信贷消费品占消费品总量的份额，是现实经济条件下压缩挤出效应，扩大消费信贷对消费的刺激效应的有效选择。一般说来，决定这一"份额"大小的因素除了消费者本人的偏好以外，主要就是消费信贷的覆盖率，也就是购买时真正能获得信贷支持的消费品在消费品供给总量中所占的比重。消费信贷的覆盖率越高，消费者的消费计划中信贷消费品占消费品总量的比重也相应越高，从而消费信贷对消费的挤出效应就越弱；反之，消费信贷对消费的挤出效应就越强。目前，从消费信贷的覆盖面（即购买时真正能得到信贷支持的消费品类别的多少）来看，经过近二十年的发展，我国金融机构提供的消费信贷业务品种已经从 1997 年时单纯的住房消费信贷，扩充到 10 多个品种，主要包括：个人住房按揭贷款、个人汽车贷款、个人助学贷款、个人住房装修贷款、医疗贷款、旅游贷款、房产抵押贷款、小额质押贷款、个人综合消费贷款等，几乎囊括了所有的个人消费领域。但是，这仅仅是表面现象，从覆盖率来看，除了住房贷款、汽车贷款和助学贷款为主体的中长期贷款以外，用于其他消费品的贷款很少，这表明虽然消费信贷的品种丰富，但其中真正能有效地发挥作用的甚少。因

[①] 吴龙龙，黄丽明. 试析银行信贷对住房价格的调控作用 [J]. 商业研究，2006 (14).

此，为了遏制消费信贷对消费的挤出效应，充分发挥消费信贷的消费刺激效应，必须采取切实措施，提高消费信贷的覆盖率，实现消费信贷对大部分消费品和消费行为的覆盖从目前形式上的覆盖向实质上的覆盖转化。为此，可以考虑从以下几个方面采取措施：①加强信用卡宣传，提高持卡人数的比重，同时增加特约商户和POS机数量，改善信用卡服务，优化用卡环境；②除了进一步完善上述贷款类别及管理制度以外，还应把消费信贷业务扩大到其他高档耐用消费品领域，如高档数字电视、空调、电脑、家庭影院设施等方面，同时应加强对旅游贷款的营销力度，提高旅游贷款在整个消费信贷中的比重；③要瞄准农村消费市场，特别是欠发达地区的农村消费市场，积极开展农村消费信贷服务，以提高农村家用电器的普及率为切入点，同时兼顾农民在购买农机、农用汽车等方面的贷款需求，以适应农村规模经济发展的需要；④应以收入水平为标准，把消费主体划分为不同的层次，据以提供不同类别的消费信贷品种，为消费者量身定制消费信贷服务方案，以满足不同层次的消费者的不同消费需求，既提供满足中高收入阶层需要的住房、汽车及其他高档耐用消费品贷款业务，又满足适应中低收入阶层需要的普通家用电器、轻便代步工具等中低档消费品的贷款业务。采取这一系列措施既是现实经济条件下遏制消费信贷对消费的挤出效应的需要，同时也是利用消费信贷手段优化消费结构的客观要求。

(6) 立足于消费者的实际收入水平，科学确定贷款额度

用信贷方式实现消费目标的消费者的收入水平与消费信贷对消费的挤出效应之间存在负向变动关系，而且在现实经济条件下，用信贷方式实现消费目标的消费者收入水平的变动对挤出效应总量的变动很明显，该指标每变动1%，即增加或减少96.42亿元，可以引起挤出效应总量相应地反向变动0.925%左右（详见本书5.3.2的分析），即减少或增加161.50亿元。从这一意义上说，提高消费者的收入水平是削弱消费信贷对消费的挤出效应的非常有效的选择。但是，消费者收入水平的明显提高需要经历较长的时间，通常消费者都是在收入水平既定的条件下提出消费贷款需求的。在这种情况下，立足于消费者的实际收入水平，

科学地确定每笔贷款的额度，使既定条件下由该贷款额度决定的消费者每期需积累的首付款金额和每期所需偿还的贷款本息额，处在消费者收入水平的承受能力之内，自然成了削弱消费信贷对消费的挤出效应的必要选择，而且，只有这样，才能真正实现消费信贷增长与消费者收入水平提高之间的良性互动。在这里，问题的关键是能否准确了解消费者的收入水平。通常，消费者为了得到期望额度的贷款，会夸大自身及家庭成员的收入水平，并提供虚假的收入证明，因此，银行必须强化贷前尽职调查的力度，仔细核实消费者提供的收入证明，剔除其中的虚假成分，并根据消费者所在单位和行业的现状及发展前景，合理预测消费者的收入变动趋势，在此基础上，对贷款额度做出科学地核定，最大限度地减少挤出效应，确保现实经济条件下消费信贷对消费的刺激效应得到充分发挥。

（7）应高度关注消费信贷资金和投资信贷资金在各自运用领域的资金配置效率

在既定的信贷资源约束下，消费信贷必然对投资信贷在额度上产生替代作用，从而使消费信贷间接挤出消费的现象不可避免。尽管本书 5.3.2 的分析结果已表明，如果适当降低信贷投资领域的资金利用效率以及消费者收入水平占 GDP 的比重，可以在一定程度上降低消费信贷对消费的间接挤出效应，但很显然，这样做是与经济发展的要求背道而驰的。因此，在现实经济条件下所要解决的问题，不应该是如何削弱消费信贷对消费的间接挤出效应，而应该是如何在既定的经济发展背景下，尽可能通过对现有信贷资源在消费领域和投资领域的合理配置，压缩消费信贷对消费的总体挤出效应，扩大消费信贷对消费的总体刺激效应的问题。根据结果的具体表现形式，消费信贷对消费的间接挤出效应分为绝对挤出和相对挤出两种情况，在发生相对挤出的情况下，消费者的可支配收入水平和既定消费倾向下的消费水平在总量上都会表现为上升。如果单纯考虑刺激消费的目的，那么，出现消费信贷对消费的间接挤出效应中的相对挤出这一结果，对推动消费增长是有利的（详见本书 3.2.3 的分析）。问题是消费信贷间接挤出消费的结果到底是造成对消费的绝对挤出还是对消费的相对挤出，这主要取决于信用分配的效率。我国尚处在经济发展的早期阶段，在今后相当长的时间内，资金仍将是相对稀缺的资源。消费信贷的发展使大量的资金被配置于住房、汽车等高档耐用消费品行业以及与这些行业密切相关的其他行业，如钢材、水泥、电解铝等，在放松消费者面临的信用约束，并推动这些行业快速发展的同时，挤压了其他行业的资金使用。在一定程度上可以说，消费信贷推动上述行业的发展是以牺牲其他行业的资金使用为代价的。在这种情况下，只有在上述行业的资金使用效率超过其他行业时，消费信贷的发展才能真正拉动消费，并进而拉动整个经济的发展；反之，消费信贷的发展就可能使整个经济偏离其最佳的发展路径。如果出现这种情况，那么，绝对的间接挤出效应就发生了。从我国目前的经济运行情况来看，房地产、汽车、水泥等行业都有着较高的资金配置效率，因而，消费信贷对消费的间接挤出效应暂时主要表现为相对挤出。但是，随着这些行业资金投入量的进一步增加，在资金边际使用效率下降这一规律的作用下，消费信贷对消费的间接挤出效应从相对挤出转化为绝对挤出的可能性必然会逐步增大，这是信贷资金配置过程中必须高度重视，而且必须时刻关注的问题。

参考文献

[1] Milton Friedman. A Theory of Consumption Function [M]. Princeton: Princeton University Press, 1957.

[2] James N. Morgan, M. H. David, W. J. Cohen, H. E. Brazer. Income and Welfare in the United States [M]. New York: Mc Graw Hill, 1962.

[3] Flavin M. A. The Adjustment of Consumption to Changing Expectations about Future Income [J]. Journal of Political Economy, 1981, 89 (5): 974-1009.

[4] Vince Daly, George Hadjimatheou. Stochastic Implications of the Life Cycle-Permanent Income Hypothesis: Evidence for the U. K. Economy [J]. Journal of Political Economy, 1981 (3): 596-599.

[5] Hall R. E, Mishkin F. The Sensitivity of Consumption to Transitory Income: Estimate from Panel Date on Households [J]. Econometrics, 1982 (50): 461-481.

[6] Campell J, Deaton. Why Is Consumption So Smooth? [J]. Review of Economic Study, 1989 (3): 357-373.

[7] Zelds, Stephen. Consumption and Liquidity Constraint: An Empirical Investigation [J]. Journal of Political Economy, 1989 (2): 275-298.

[8] Cohrane, John H. A Simple Test of Insurance [J]. Journal of Political Economy, 1999 (5): 957-976.

[9] Tullio Jappelli, Marco Pagano. Consumption and Capital Imperfec-

tions: An International Comparison [J]. The American Economic Review, 1989: 1088-1105.

[10] Philippe Bacchetta, Stefan Gerlach. Consumption and Credit Constraints: International Evidence [J]. Journal of Monetary Economics, 1997 (40): 207-238.

[11] Sydney Ludvigson. Consumption and Credit: A Model of Time-Varying Liquidity Constraints [J]. The Review of Economics and Statistics, 1999, 81 (3): 434-447.

[12] Muellbauer, Jhon. Surprises in the Consumption Function [J]. Economic Journal, 1983 (1): 34-50.

[13] Carroll C., S. Kimball. Liquidity Constraints and Precautionary Saving [J]. NBER Working Papers, 2001: 1-21.

[14] Maria da Conceicao Costa Pereira. The Effects of Households' and Firms' Borrowing Constraints on Economic Growth [J]. Portuguese Economic Journal, 2008 (7): 1-16.

[15] Campbell J. Y, Mankiw, N. G. Consumption, Income and Interest Rates: Reinterpreting the Time Series Evidence. In O. Blanchare and S. Fischer (eds.) [J]. NBER Macroeconomic Annual, 1989.

[16] Vei-lin Cheng, Sheng-cheng Hu. Financial Liberalization and Aggregate Consumption: The Evidence from Taiwan [J]. Applied Economics, 1997 (29): 1525-1563.

[17] Lucio Sarno, Mark P Taylor. Real Interest Rates, Liquidity Constraints and Financial Deregulation: Private Consumption Behavior in the UK [J]. Journal of Macroeconomics, 1998, 20 (2): 221-242.

[18] Peter Fousek. Consumer Credit and National Policy: Consumer Credit and Monetary Policy in the United States and the United Kingdom: Disscusion [J]. The Journal of Finance, 1962, 17: 355-357.

[19] Angelos A. Antzoulatos. Consumer Credit and Consumption Forecasting [J]. International Journal of Forecasting, 1996, 12: 439-453.

[20] Lars Peter Hansen, Kenneth Singleton. Stochastic Consumption, Risk Aversion and the Temporal Behavior of Asset Return [J]. Journal of Political Economy, 1983, 91: 249-265.

[21] 凯恩斯. 就业、利息和货币通论 [M]. 北京: 商务印书馆, 1997.

[22] 宋承先. 现代西方经济学（宏观经济学）[M]. 上海: 复旦大学出版社, 1997.

[23] 范剑平. 居民消费与中国经济发展 [M]. 北京: 中国计划出版社, 2001.

[24] 臧旭恒. 居民资产与消费选择行为分析 [M]. 上海: 上海人民出版社, 2001.

[25] 臧旭恒. 中国消费函数分析 [M]. 上海: 上海三联书店, 1994.

[26] 尹世杰, 蔡德容. 消费经济学原理 [M]. 北京: 经济科学出版社, 1992.

[27] 万广华, 张茵, 牛建高. 流动性约束、不确定性与中国居民消费 [J]. 经济研究, 2001 (11).

[28] 申朴, 刘康兵. 中国城镇居民消费行为过度敏感性的经验分析: 兼论不确定性、流动性约束与利率 [J]. 世界经济, 2003 (1).

[29] 杭斌, 王永亮. 流动性约束和居民消费 [J]. 数量经济技术经济研究, 2001 (1).

[30] 吴晶妹. 信用活动对经济增长的长期效应 [J]. 成人高教学刊, 2003 (3).

[31] 胡春燕, 岳中刚. 中国银行卡消费与经济增长经验分析 [J]. 经济经纬, 2007 (5).

[32] 赵霞, 刘彦平. 居民消费、流动性约束和居民个人消费信贷的实证研究 [J]. 财贸经济, 2006 (11).

[33] 王东京, 李莉. 论消费信贷与国内需求 [J]. 财贸经济, 2004 (4).

[34] 叶岳良. 消费信贷能启动消费市场吗？[J]. 财经理论与实践, 1999 (5).

[35] 古炳鸿, 李红岗, 叶欢. 我国城乡居民边际消费倾向变化及政策含义 [J], 金融研究, 2009 (3).

[36] 蔡浩义, 徐忠. 消费信贷、信用分配与中国经济发展 [J]. 金融研究, 2005 (9).

[37] 齐天翔, 李文华. 货币化进程中的居民储蓄增长分析 [J]. 金融研究, 1998 (11).

[38] 林晓楠. 消费信贷对消费需求的影响效应分析 [J]. 财贸经济, 2006 (11).

[39] 程建胜, 刘向耘. 发展消费信贷促进经济增长 [J]. 经济学动态, 2003 (8).

[40] 吴龙龙. 消费信贷的消费挤出效应解析 [J]. 消费经济, 2010 (1).

[41] 吴龙龙, 黄丽明. 试析银行信贷对住房价格的调控作用 [J]. 商业研究, 2006 (14).

[42] 吴龙龙. 试析信用卡的消费信贷功能 [J]. 中国城市金融, 1999 (7).

[43] 吴龙龙. 让信贷消费真正发挥作用 [J]. 经济论坛, 1999 (11).

[44] 吴龙龙. 刺激消费的制约因素及对策思考 [J]. 黑龙江财专学报, 1999 (5).

[45] 汪伟. 中国居民储蓄率的决定因素——基于1995—2005年省际动态面板数据的分析 [J]. 财经研究, 2008 (2).

[46] 朱春燕, 臧旭恒. 预防性储蓄理论——储蓄（消费）函数的新进展 [J]. 经济研究, 2001 (1).

[47] 臧旭恒, 裴春霞. 预防性储蓄、流动性约束与中国居民消费计量经济分析 [J]. 经济学动态, 2004 (12).

[48] 陶金. 我国消费市场形势和主要特点分析 [J]. 宏观经济研

究，2007（7）.

[49] 贺京同，霍焰，程立超. 消费平滑性及其对中国当前消费政策的启示 [J]. 经济评论，2007（3）.

[50] 易宪容，黄瑜琴，李薇. 消费信贷、信用约束与经济增长 [J]. 经济学动态，2004（4）.

[51] 陈敏，刘小辉. 实证分析：消费信贷的宏观经济意义 [J]. 商业研究，2002（3）.

[52] 孔东明. 前景理论、流动性约束与消费行为的不对称——以我国城镇居民为例 [J]. 数量经济技术经济研究，2005（4）.

[53] 宋士云. 应当全面认识消费信贷刺激消费需求的作用 [J]. 中国外汇管理，1999（9）.

[54] 赵爱玲. 论消费信贷与收入、经济增长的关系 [J]. 财经问题研究，2000（10）.

[55] 武少俊. 强化消费需求启动措施，保证经济持续快速发展 [J]. 金融研究，2003（5）.

[56] 沈健美，齐雪松. 我国消费信贷促进经济增长的作用分析 [J]. 广西农村金融研究，2007（1）.

[57] 张奎，金江，王红霞，等. 消费信贷对消费影响作用的实证研究 [J]. 技术经济，2010（2）.

[58] 史松. 试论发展消费信贷扩大国内需求 [J]. 辽宁广播电视大学学报，2010（2）.

[59] 魏杰. 启动内需的举措与效果评价 [J]. 经济纵横，2009（7）.

[60] 田秋生. 扩大居民消费必须解决的四个问题 [J]. 中国流通经济，2009（12）.

[61] 冯博. 中国消费信贷发展评析 [J]. 中国商贸，2010（2）.

[62] 黄宇. 我国城镇居民消费行为演变 [D]. 济南：山东大学，2009.

[63] 李凌. 消费波动、消费增长和中国经济波动 [D]. 上海：上

海社会科学院，2009.

[64] 盖立晓. 转型时期中国城镇不同收入阶层消费特征差异与影响因素研究 [D]. 济南：山东大学，2009.

[65] 吴雅丽. 发展个人消费信贷 [N]. 光明日报，1998-07-29.

[66] 张其佐. 发展消费信贷刺激国内需求 [N]. 光明日报，1999-05-14.

[67] 林毅夫. 发展消费信贷拉动内需增长 [N]. 人民日报，2003-06-17.

[68] 中国人民银行货币政策司. 中国消费信贷发展报告 [N]. 金融时报，2003-03-22.

[69] 佚名. 去年消费对经济增长贡献率预计超50% [N]. 北京青年报，2010-01-15.

[70] 陆群. 从美元经济到美股经济的命运 [DB/EL]. 互联网周刊，2001-04-06.

后 记

　　我撰写此书的初始灵感和冲动主要来源于自己的经历、观察和对与消费信贷相关的某些经济问题的思考。

　　我是为数不多的较早借助于消费信贷方式实现住房消费目标的消费者之一。早在1998年，我就迎合了当时培育新的经济增长点的调控要求，顺应了住房商品化的趋势，在绝大部分消费者对贷款买房持迟疑、观望甚至抵制态度的情况下，以"一咬牙，一跺脚"的"意志"和"魄力"，借了16万元的住房按揭组合贷款，在南京的"城乡接合部"，买了一套价值近25万元的住房。虽然在国外，贷款购房早就不是什么新鲜事了，但在当时的中国，贷款购房者还是被很多人视为"较早吃螃蟹的人"。当时了解我此举的朋友虽然在表面上对我的"胆略"表示"钦佩"，背后却不免对我这一"轻率"之举表示了很大的质疑。其实，我自己在这一举动是否正确的问题上，也时时感到非常纠结。我在高校工作，当时的家庭年收入不到4万元，孩子正在上小学，自己还想读书深造，而且当时高校正处于体制划转阶段，对于学历不高的我而言，前途如何尚不得而知。在这种情况下，每月增加近2 000元的贷款本息这一刚性支出，对我这样的家庭而言，其压力是可想而知的。

　　也许是虚荣心作祟，我在消费上一直喜欢赶"时髦"，虽然没有能力引领同龄人的消费潮流，但在同龄人的消费潮流中我也从未掉过队。照相机、摩托车、寻呼机等在20世纪80年代末、90年代初被年轻人极力追捧的消费品，也经常被我用来在同龄人面前炫耀。也许正是因为这种虚荣心，我在1998年下半年作出了贷款购房这一在当时的同龄人中

Squeezing Effects of Consumer Credit on Consumption
消费信贷的消费挤出效应研究

很少有人作出的"胆大妄为"的举动，又一次走在了同龄人消费的前列。但是，我没想到的是，从此以后，在每月还本付息的压力下，我的消费能力和消费水平急剧地下降了，不但没有能力继续站在同龄人消费的前列，而且在消费上与同龄人攀比的激情和勇气也几乎荡然无存。当同龄人在 21 世纪初普遍使用手机时，我依然对寻呼机依依不舍；当同龄人越来越多地以私家汽车作为代步工具时，我却连偶尔坐一次出租车还心疼半天；当同龄人兴高采烈地去新（加坡）马（来西亚）泰（国）旅游时，我却只能很低调地在南京的新（街口）马（群）泰（山新村）来个"一日游"。虽然随着以后收入水平的逐渐提高，这种窘迫的境况有所改善，但是，由于"贷款月供"这一"紧箍咒"的影响，在整个还本付息期内，我都在不同程度上自觉或不自觉地把自己从消费时尚和潮流中隔离出来了。

我的贷款购房想法产生于 1995 年，自那时起我就在为积累首付款而做准备，从同龄人的消费潮流中"掉队"也是始于那时候。当还清全部贷款本息，我如释重负般地回顾三年首付款积累期和八年还本付息期内的消费情况时，竟吃惊地发现，为了积累首付款和偿付贷款本息，自己放弃了很多本该享受的消费，自己的消费总量并没有因为消费贷款而增加，消费贷款改变的仅是自己的消费结构。这让我联想到了与我一样的其他贷款购房者的情况，他们是不是也为了积累首付款和偿付本息而放弃了很多本该享受的消费呢？如果是这样，那么消费信贷改变的恐怕也只是他们的消费结构，而并没有增加他们消费的总量。在 21 世纪初，与我同龄的很多朋友也陆续通过贷款方式购买了住房或者准备购买住房。在与他们的交往过程中，我发现在积累首付款和还本付息阶段，他们的消费行为几乎都有一个共同的改变，那就是"出手"没原来大方了，外出旅游的次数少了，请客吃饭的档次低了，出入高档商场的频率下降了……这一切无不表明，为了积累首付款和还本付息，他们也在压缩其他消费。面对这种情况，我向自己提了两个问题：产生这种现象的原因何在？存在这种现象时，消费信贷的意义何在？

后 记

　　学者们通常认为，消费信贷的功能在于刺激消费，但是，作为一种需要还本付息的贷款，从长期来说，其本身是无法增加消费总量的，其对消费的真正刺激作用在于引导消费者把日常的储蓄或者准备储蓄的货币以首付款的方式投入到消费中，只有当消费者的首付款以及获得贷款后用以偿付利息的资金均来源于日常的储蓄或拟储蓄的货币，而非来源于压缩的日常消费时，消费信贷对消费的刺激作用才能得到真正的发挥，否则，就只是消费在不同时间上的配置（即把未来的消费提前）而已，从长期来看，无助于消费总量的增加。因此，为了确保消费者积累首付款和支付利息的资金真正来源于其储蓄或拟储蓄的货币，以便有效地发挥消费信贷对消费的刺激作用，就必须根据消费者积累首付款和还本付息的能力来确定消费信贷的额度，而消费者的这种能力又受制于其收入水平。当消费者的消费行为及由此而产生的对消费信贷的需求与自身的收入水平相适应时，消费者就无须通过压缩其他消费来满足积累首付款和还本付息的需要。问题是，我国消费信贷的主要构成部分是住房按揭贷款和汽车按揭贷款，在20世纪90年代后期，住房和汽车消费是被视作拉动内需的"灵丹妙药"而大力倡导的，而当时消费者的总体收入却并未达到适合大规模消费此类商品的水平，因而当时利用信贷手段刺激住房和汽车消费的做法，在很大程度上带有拔苗助长的色彩。在这种情况下，消费者的首付款和获得贷款后支付的利息就不可能完全来自其储蓄或拟储蓄的货币，日常消费因积累首付款和还本付息而被压缩也就不足为奇了。其后，在消费信贷的助推下，住房价格一路飙升，其涨幅远超消费者收入水平的涨幅，消费者遇到了更大的积累首付款和还本付息压力，压缩日常消费更是成为顺理成章之事。由此可以推断出，在我国现实经济条件下，对于绝大部分归属于工薪阶层的消费者而言，借助于消费信贷方式来满足购房需求时，都会在不同程度上压缩日常消费。而且由于消费信贷处于年复一年的发放和还本付息过程中，这种现象几乎是无时不在，消费信贷的功能也因此而在很大程度上被抵消，从长远来看，其意义也被严重地削弱甚至消失了。

Squeezing Effects of Consumer Credit on Consumption
消费信贷的消费挤出效应研究

　　正是依据自己的上述经历、观察和分析，我在 2009 年时产生了对我国现实经济条件下，消费信贷挤压消费者的日常消费这一经济现象做深入研究的冲动，并把这一现象命名为"消费信贷的消费挤出效应"。经过近两个月的研究，我完成了一篇题为《消费信贷的消费挤出效应解析》的论文，并于 2010 年 1 月发表于《消费经济》杂志上。应该说，这篇论文是我在这一研究上取得的阶段性成果，为后续的研究奠定了基础，但平心而论，我对这篇论文并不满意。因为其中只进行了空泛的理论分析，没有联系实际展开研究，而且只研究了消费信贷对消费的直接挤出效应，对在信贷配给条件下，消费信贷取代投资信贷而间接导致的消费挤出效应未给予应有的关注，因而在内容的完整性上也存在着一定的欠缺。当时，我正在西南财经大学攻读博士学位，我的导师，中国金融研究中心副主任曹廷贵教授建议我对该论题作进一步的深入研究，并针对进一步研究的方向和研究的切入点，提出了非常有益的建议。在导师的指导下，我于 2010 年 10 月完成了题为《消费信贷的消费挤出效应研究》的博士论文，并于当年 12 月顺利通过了答辩。当时，有朋友建议我把博士论文以专著的形式出版，但我考虑到我国消费信贷的发展历史较短，论文中用于分析研究的样本太小，以致分析结论的说服力不够强，所以决定推迟几年，待补充数据，扩大样本后，把更具说服力的分析结论呈给读者。

　　一转眼，将近六年过去了，我国消费者的收入水平、消费信贷规模以及住房价格等对研究结论有着重大影响的指标都发生了很大的变化，用以研究的样本容量也得到了相应的扩大，立足于经济的现实表现所得出的分析结论应该更具客观性和说服力，对在经济新常态背景下有效地改善我国的消费信贷政策，合理发挥消费信贷对消费的刺激作用，推动房地产业去库存，迎合供给侧改革的要求，也许具有一些参考价值。基于这样的考虑，我真正产生了把博士论文修改完善后以专著形式出版的想法，而令我庆幸和感动的是，我的这一想法得到了西南财经大学出版社的支持。于是，我花了近三个月的时间，重新收集数据，补充资料，

后 记

　　修正分析结论，并结合经济新常态这一背景，补充相关内容，最终形成了现在得以呈给读者的内容。我本以为这一过程不会太复杂，工作量也不会太大，但真正做的时候，却发现所需投入的工作量并不比当初撰写博士论文时少，甚至因为国家统计局调整统计数据和变换统计口径，原来收集到的数据也需更新，工作量反而更大，好在这些工作现在都已完成，在行将搁笔之际，我还颇有些"痛定思痛"的感觉。

　　本书的出版仅仅代表着我在消费信贷的消费挤出效应这一论题上的阶段性研究成果，并不代表研究任务的终结，因而没有理由因本书的出版而感到如释重负或沾沾自喜。在我看来，与其把本书的出版看成一个学习和研究阶段的终点，不如把它看成在此基础上一个新的学习和研究阶段的起点，而在新的起点上追求新的飞跃，这应是人生永恒不变的主题。因此，对本书中许多内容和相关的问题作更深入、更准确、更透彻的分析和研究，将伴随着我的人生而继续进行下去。

　　在本书的写作过程中，得到了老师和朋友们的关心和帮助，他们给予了我很大的支持和鼓舞。我的导师，西南财经大学中国金融研究中心副主任曹廷贵教授，在本书的大纲拟订、资料收集以及整个写作过程中，给予了大量的指导。导师学识渊博，治学态度严谨，且有着孜孜不倦、一丝不苟的工作作风，他将永远是我学习的榜样！四川大学硕士研究生张燕、中国人民银行合肥中心支行的周浩博士、中国人民银行南京分行的钱龙博士，以及江苏无锡、南京、扬州、盐城、徐州部分金融机构的朋友们，在本书的资料收集和调研过程中，给予了我大量的帮助；我的学生蒋倩倩、王佳萍、李鸿书在本书的数据整理和分析过程中提供了技术支持。在此谨对他们一并致谢！

　　我国的消费信贷业务曾长期受到压制，虽然在最近的二一来年里得到了快速地发展，但这种发展是在有一定的理论准备，却没有足够的实践经验可资借鉴的情况下形成的。对于"受命于危难之间"同时又"仓促上阵"的消费信贷业务而言，发展过程中必然会出现一系列的问题，在刺激消费的同时又明显地挤出消费就是其中之一。这种状况为本书的研究提供了契机，但同时也决定了在本书的研究过程中必然会面临重重困难。毕竟，我国消费信贷业务发展的时间太短，可总结的规律性的东西太少，而且，在消费信贷的消费挤出效应这一论题上，几乎没有前人的研究成果可资借鉴。因此，对某些方面的研究不够深入和透彻以及实证研究不够具体和细致的问题也就在所难免了。这些问题既是本书的瑕疵，同时也代表着需要随着条件的逐步成熟而进一步深入研究的方向。在此，我真诚地希望读者们批评指正！

吴龙龙

2016年5月于南京